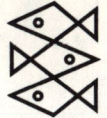

W0041648

Peter Ustinov zeigte schon als Kind ein schauspielerisches Talent, und so war sein Weg zum erfolgreichen Film- und Bühnenschauspieler vorgezeichnet, darunter seine Paraderolle als Kaiser Nero in dem Film ›Quo Vadis?‹. Ustinov erzählt hier von seiner Familie, spricht über Einzelheiten seines ungewöhnlichen Lebensweges, über seine Karriere als Schauspieler und Regisseur, über seine Bücher und Theaterstücke und seinen Einsatz für die Kinder der Welt bei UNICEF. Wie immer erweist sich Ustinov auch hier als geistreicher und brillanter Erzähler in diesem mit zahlreichen Anekdoten gewürzten Buch.

Peter Ustinov wurde am 16. 4. 1921 in London geboren. Der Vater, russischer Herkunft, arbeitete zeitweise als Presseattaché an der deutschen Botschaft, die französischstämmige Mutter war Malerin und Bühnenbildnerin. Bis zu seinem Tod im März 2004 lebte Ustinov am Genfer See.

Felizitas von Schönborn absolvierte ein Theologiestudium und arbeitet als freie Journalistin. Publikationen über Eugen Drewermann, Margarete Mitscherlich, den Dalai Lama und Astrid Lindgren.

Unsere Adresse im Internet: www.fischerverlage.de

Felizitas von Schönborn

Peter Ustinov
»Ich glaube an den Ernst des Lachens«

Mit 17 Fotos von
Patrick Saurma
und
Antoinette de Scheel

sowie Verzeichnissen zu Arbeiten
für Theater, Film, Fernsehen,
Rundfunk, Oper und
Auflistungen der Bühnenwerke, Bücher,
Preise und Auszeichnungen

Fischer Taschenbuch Verlag

Wir danken für die Genehmigung des Abdrucks:
Jean Rudolf von Salis, ›Letzte Aufzeichnungen‹. © 1996 by Ammann
Verlag & Co., Zürich. – Peter Ustinov, ›Ich und Ich – Erinnerungen‹.
© 1990 by ECON Verlag, Düsseldorf. – Peter Ustinov, ›Ustinovs Rußland‹.
© 1992 by ECON Taschenbuchverlag, Düsseldorf. –
Christopher Warwick, ›Peter Ustinov – Schlitzohr und Gentleman‹.
Mit freundlicher Genehmigung von Macmillan Publishing, London.
Deutsche Ausgabe © 1990 by Heyne Filmbibliothek.
Übersetzt von Adelheid Zöfel.

5. Auflage: April 2004

Ungekürzte Ausgabe
Veröffentlicht im Fischer Taschenbuch Verlag GmbH,
Frankfurt am Main, Juni 2000

Lizenzausgabe mit Genehmigung des
Verlags Langen Müller, München
© 1997 by Langen Müller in der F. A. Herbig
Verlagsbuchhandlung GmbH, München
Druck und Bindung: Clausen & Bosse, Leck
Printed in Germany
ISBN 3-596-14799-9

INHALT

*Oblomow lebt am
Genfer See*

»Anderen mag er chaotisch vorgekommen sein, selbst aber kam er mit diesem Chaos gut zurecht«, sagt Peter Ustinov über Orson Welles und beschreibt sich damit auch selbst. Ustinov ist im Grunde immer ein Einzelgänger geblieben, der nach seinem eigenen Rhythmus lebt. Der polyglotte und kosmopolitische Weltbürger, wie man ihn gerne nennt, ist ständig unterwegs. Kehrt er aus Australien, Neuseeland, von den Fijis, den USA, China oder Singapur, Rußland oder Jugoslawien, den Philippinen, Indien, Ägypten, Kenia, Jordanien, Thailand, Spanien, Frankreich oder Deutschland in sein Haus nach Bursins zurück, stehen im Flur immer noch unausgepackte Koffer von der letzten Reise. Über das Treppenhaus ergießt sich eine nicht enden wollende Kaskade von Faxen, und im Zehnminutentakt klingelt das Telefon.

Peter Ustinov ist ein gefragter Mann. Lang ist die Liste der Berufe, in denen er sich als Multitalent betätigt: Schauspieler, Humorist, Imitator, Talkmeister, Alleinunterhalter, Fernsehjournalist, Kolumnist, Radiosprecher, Fotograf, Karikaturist, Theaterregisseur, Bearbeiter von Opern, gelegentlicher Sänger, Dramatiker, Verfasser von Drehbüchern, Schriftsteller, Rektor der Universität von Durham und UNICEF-Botschafter des guten Willens.

Auch in unserem Zeitalter der Pädagogik weiß man wenig über den Ursprung solch außergewöhnlicher Talente. Für Hochbegabte gibt es weder Gebrauchsanweisungen noch Schulungskurse. Um manche ranken sich Legenden vom Schulversager, aus dem doch noch etwas wurde, wie etwa um Einstein oder Churchill. Solche Geschichten werden schwachen Schülern zur Ermutigung erzählt. Auch Ustinov konnte den Schulen, die er besuchte, wenig abgewinnen. Er hält eine mittelmäßige Ausbildung sogar für besser als eine gute, »wenn man sie für eigene Zwecke nutzen kann und sich nicht einlullen läßt«.

Heute, im Alter von sechsundsiebzig Jahren, hat Ustinov immer noch das Gefühl, jeden Tag mehr zu lernen als jemals in der Schule. »Zum Beispiel schmökere ich abends manchmal in Büchern über Chemie oder Physik. Ich studiere sogar die chemische Formel meiner Zahnpasta. Das ist auch eine Form, sich zu bilden.« Der Autodidakt, der es auf vielen Gebieten zur Meisterschaft gebracht hat, bekennt: »Die meisten Dinge, die ich tue, habe ich im Grunde nie gelernt.«

Angesichts solcher Produktivität, die durch viele Auszeichnungen geehrt wurde, gerät mancher Journalist ins Schwärmen und macht Ustinov zu einem der »begabtesten Menschen unserer Zeit« oder zu einer der »berühmtesten Persönlichkeiten des öffentlichen Lebens«. Solche Superlative sagen wenig. Sie erinnern vielmehr an den Witz von den drei Friseuren einer amerikanischen Kleinstadt. Alle drei Barbiere hatten ihr Geschäft in derselben Straße. Der erste warb mit dem Schild: Der beste Friseur der Welt. Der zweite hatte angeschrieben: Der beste Friseur der Vereinigten Staaten. Beim dritten konnte man lesen: Der beste Friseur dieser Straße.

Dieser Hans Dampf in vielen Gassen, der zu fast allem etwas zu sagen weiß, ist ein Phänomen. Trotz seiner Einmaligkeit ist er ein typischer Mensch unserer Zeit. Er verkörpert Mobilität und Reiselust, lebt die verschiedenen Facetten seiner Kreativität aus, weiß sich der Medien souverän zu bedienen. Ustinov ist auch Brückenbauer zwischen den Kulturen, zwischen Nord und Süd, zwischen Ost und West. Ideologische Berührungsängste kennt er nicht. Seinen Weltruhm setzt er seit vielen Jahren ein, um auf das Los der schwächsten Glieder der Gesellschaft, der Kinder, aufmerksam zu machen.

Sein Film für UNICEF, *Ausreden füllen keine leeren Mägen,* wurde 1970 in Cannes preisgekrönt. Als man 1996 in Berlin »50 Jahre UNICEF – 75 Jahre Ustinov« feierte, hätte man auf den Einfall kommen können, USTINOV sei eine Abkürzung für: Union für

Schauspielerei, Theater, Internationalität, Nonsens, Originalität, Vielseitigkeit. Ein früherer UN-Generalsekretär hat ihn denn auch als »Ein-Mann-Sekretariat der Vereinten Nationen« bezeichnet. Yehudi Menuhin findet: »Man könnte in Peter Ustinov leicht nur den liebenswürdigen und geistreichen Menschen sehen, der eine große Gabe hat, jede Situation, jede Unterhaltung sprachlich und darstellerisch nachzuahmen und zu karikieren … Hinter dieser Fassade verbirgt sich jedoch ein sensibler und einfühlsamer Mensch, der mit jedem vernachlässigten Kind auf unserer ausgebeuteten Erde leidet, den jede Ungerechtigkeit, jede Dummheit und Eitelkeit quält und empört« (Christopher Warwick, *Peter Ustinov – Schlitzohr und Gentleman*).

Sir Peter, wie er seit dem Ritterschlag durch die englische Königin genannt wird, führt keinen Terminkalender, behält alle Termine im Kopf, bis auf die, die ihm entfallen sind, wie ein Vortrag im Amerikanischen Club in Genf vor vierhundert Leuten oder eine Verabredung zu unserem Gespräch. Ustinov ist immer für eine Überraschung gut. Als ich wiederholte Male mit dem Auto auf der »Route du Vignoble«, der Weinstraße über dem Genfer See, nach dem dreißig Kilometer entfernten Bursins zu unseren Gesprächsterminen fuhr, fing ich an, mit mir selbst Wetten abzuschließen: »Wird er heute dasein oder nicht?«

Manchmal läutete ich vergebens an der braunen Haustür von »Clos du Château«, dem Haus mit dem rotgrauen Ziegeldach und dem efeuumrankten Türmchen, in dem er seit 1971 wohnt. War der Diener da, konnte ich wenigstens eine Nachricht hinterlassen. Einmal sandte mir Peter Ustinov ein Fax, um den Termin zu verschieben, an eine Telefonnummer, die mit einer Eins statt mit einer Sieben endet wie die meine. Später fand ich heraus, daß es in eine Autowerkstatt gelangt war. Beim nächsten Besuch konnte ich es mir nicht verkneifen, eine Kopie von Rolf Hochhuths Geschichte *Ein Strich zuviel* mitzubringen. Da geht es um einen deutschen Spion, der enttarnt wird, weil er nach deutscher Manier zweimal eine Sieben mit Querstrich aufs Papier kritzelt. Was ein Brite niemals tun würde.

»Au Clos du Château« wurde in den sechziger Jahren im Landes-
stil gebaut. Es liegt in den Weinbergen der Waadtländer »Côte«
versteckt. Château heißt in dieser Gegend nicht Schloß, sondern
Herrenhaus. Die Bezeichnung entstand durch eine Lautverschie-
bung. Chais bedeutet Weinkeller und »Chaisteau«, das Haus, das
man auf ihm errichtet. Hier ist die zweitgrößte Weingegend der
Schweiz, die Region des Chasselas, der Gutedeltraube. Kenner finden diesen Wein fruchtig und von milder Vollmundigkeit. Auch
Ustinovs Weinberg bringt viertausend Flaschen im Jahr. Bei einem gemeinsamen Mahl mit seiner Frau Hélène du Lau d'Alle-
mans wurde er zu einem vom portugiesischen Koch bereiteten
Fischgericht gereicht.
Die Ruhe des Lac Léman, des größten Sees Mitteleuropas, breitet
sich über die Landschaft aus, liegt über den Äckern, Wäldern und
Weinbergen. An klaren Tagen kann man im Süden den Mont-
blanc und im Westen das Genfer Wahrzeichen, den eiffelturmho-
hen Springbrunnen, erkennen. Es ist wohl kein Zufall, daß der
multikulturelle Peter Ustinov in dieser Gegend wohnt, hat er
doch einmal von sich gesagt, er lebe wie ein Engländer, dächte wie
ein Franzose und fühle wie ein Russe. Die Ufer des Lacus Lema-
nus, des Sees aller Menschen, wie der Philologe Wolfgang Wackernagel den Ursprung dieses Namens erklärt, hat schon immer be-
deutende Persönlichkeiten inspiriert. Der Genfer Jean-Jacques
Rousseau pries Mitte des 18. Jahrhunderts die Gegend um Montreux in seinem Liebesroman *La Nouvelle Héloise* als schönsten
Fleck der Erde. Diese romantische Erzählung lockte unzählige Leser an die Stätte des Geschehens und löste die erste Welle des modernen Tourismus aus.
Die weltgeschichtliche Bedeutung Genfs, das Talleyrand einmal
statt Australien als fünften Kontinent bezeichnet hat, begann mit
dem Franzosen Calvin. Er mußte wegen seiner reformatorischen
Ideen aus Paris fliehen und fand 1563 Zuflucht in Genf. Seiner
Vorstellung, daß geschäftliche Erfolge gottgefällig seien, verdanken wir den modernen Kapitalismus. Peter Ustinovs neuester,
noch unveröffentlichter Roman spielt am Genfer See. In der

weiblichen Hauptfigur, einer Mörderin, scheint sich paradoxerweise etwas von Calvins Sittenstrenge widerzuspiegeln, die in alten Genfer Familien heute noch weiterlebt.

Ein anderer großer Geist, der von hier aus eine ganze Epoche prägte, war Voltaire. Voltaire, der Sprachkünstler und scharfsinnige Beobachter des 18. Jahrhunderts, verabscheute wie Ustinov Fanatismus, Aberglauben und Intoleranz. In seinem Buch *Der Alte Mann und Mr. Smith* will Peter Ustinov »ähnlich wie Voltaire in seinem weitverbreiteten Roman *Candide* verschiedene Glaubenshaltungen aufzeigen«. Auch Ustinovs skeptische Lebenshaltung, die versucht, Schein von Sein zu trennen, und sein Humor, der sich der Relativität alles Irdischen bewußt ist, erinnern bisweilen an den scharfen Esprit des französischen Denkers. Voltaires Charakterisierung verschiedener Nationen könnte, ein wenig verändert, aus der Feder Ustinovs stammen, der es liebt, die typischen Eigenschaften der Völker zu beschreiben: »Die Deutschen sind Europas Greise; die Engländer sind die Männer; die Franzosen die Kinder, und mit Kindern spiele ich gerne.«

Zwischen Bursins und Genf liegt das Coppet der Madame de Staël. In ihrem Buch über Deutschland kommt sie zu der amüsanten Feststellung: »Ein Franzose weiß immer noch zu reden, selbst wenn er keine Gedanken hat, ein Deutscher dagegen hat immer etwas mehr im Kopf, als er aussprechen kann ... Wenn aber ein Deutscher nicht denkt, so kann er nichts sagen.« Anfang des 18. Jahrhunderts hieß es, die vehemente Gegnerin Napoleons habe Coppet zur dritten Hauptstadt Europas gemacht. Napoleon gab denn auch Anweisung an seine Polizeispitzel, das Treiben auf Schloß Coppet nicht aus den Augen zu lassen. Peter Ustinov teilt in seinem Erinnerungsbuch *Ich und Ich* Germaine de Staëls Abneigung gegen den Korsen: »Ein romantischer kleiner Mafioso wie Napoleon ... verschüttete französisches Blut großzügig über die gesamte europäische Landschaft, bewirkte Deutschlands Einigung, indem er Deutsche zwang, gegen Deutsche zu kämpfen, womit er direkt für Preußens Revanchegelüste in den Jahren 1870, 1914 und 1939 verantwortlich war, und wird von einer Nation von

Republikanern als L'Empereur verehrt, die der Meinung sind, die große Geste, der Kloß im Hals des Kriegers, wiege die Millionen von zunichte gemachten Hoffnungen, von zerstörten Leben und vernichteten Talenten in der Bilanz ihrer nationalen Geschichte auf. Das scheint mir eine Umkehrung der Werte zu sein ...«

Auch in späteren Zeiten ließen sich Künstler immer wieder von der Melodie dieser Landschaft anregen. Gogol, einer der Schriftsteller, die Ustinov am meisten schätzt, schrieb in Vevey an seinen *Toten Seelen*, Tschaikowski und Gounod wurden zu Musikstücken angeregt, Strawinsky komponierte sein *Sacre du Printemps*. Maler wie Turner, Hodler, Courbet verewigten diese Landschaft in ihren Bildern; Schriftsteller wie Stendhal, Balzac, Proust, Tolstoi, Hemingway oder Stefan Zweig setzten der Region ein sprachliches Denkmal. Die 1993 verstorbene Audrey Hepburn, wie Ustinov für UNICEF tätig, lebte im nahen Tolochenaz. Dort hat man ihr zu Ehren ein kleines Museum eingerichtet.

Die Geschichte, die man sich über die einzige, nur vierzig Quadratmeter große Insel in dem wasserreichsten See Europas erzählt, ist so amüsant, als sei sie von Peter Ustinov erdacht. Diese künstliche »Insel des Friedens«, wie sie sinnigerweise heißt, wurde vor zweihundert Jahren von den Bewohnern von Villeneuf bei Montreux aufgeschüttet. Bei der Einweihungsprozession trug man Bildnisse von Rousseau, Napoleon und Wilhelm Tell mit sich. Als im letzten Jahrhundert Königin Victoria an den Gestaden des Genfer Sees weilte, machte ihr die Schweizer Regierung in einem Anfall von Originalität die kleine Insel zum Geschenk. So wurde ein Stück Schweiz Teil des britischen Imperiums. Allerdings sollte die königliche Freude über diese Gabe nicht lange währen. Als das nächste Fiskaljahr anbrach, traf eines Morgens mit der Post in Buckingham Palace ein »billet vert« der Schweizerischen Eidgenossenschaft ein. Darin wurde Ihre Majestät aufgefordert, Steuern für ihr schweizerisches Inselreich zu berappen. In getrübter Morgenlaune ließ daraufhin die Monarchin Bern über diplomatische Kanäle wissen: »Wir haben beschlossen, auf unseren Besitz in der Schweiz zu verzichten.«

Seit den sechziger Jahren hat Peter Ustinov seinen Hauptwohnsitz am Genfer See. Zunächst lebte er mit seiner zweiten Frau Suzanne Cloutier und den drei Kindern Pavla, Igor und Andrea im Grandhotel Palace in Montreux. Aus seiner ersten Ehe mit Isolde Denham stammt die Tochter Tamara. Auch seine zweite Verbindung war nicht glücklich. In der Erinnerung erscheint ihm diese Phase seines Lebens entsetzlich. Man führte ein Leben ähnlich wie eine exilierte königliche Familie, »die aus Fatalismus und Gewohnheit geduldig ihrer Ermordung harrt«. In dieser Stimmung fehlte ihm der Blick für die Lieblichkeit des Lac Léman. In *Ich und Ich* heißt es: »Der See bildete einen eigenen schimmeligen Hintergrund zu den schmiedeeisernen Balkonen und dem Krächzen der Raben, die wie feuchte Waschlappen auf dem Rasen landeten.«

Zur selben Zeit lebte in dem Hotel Vladimir Nabokov, über den Ustinov sagt: »Nabokov erinnert mich an meinen Vater, deshalb konnte ich ihn intuitiv verstehen. Er ist russischer als man denkt, das gilt auch für mich. In gewisser Weise bin ich ein Russe … Ich bin zwar weder weiß noch rot, aber ob ich dies nun will oder nicht, so gehört immerhin ein Stück von mir diesem großen rätselhaften Land. Dank des russischen Verständnisses für das Tragikomische werden meine Stücke nirgends besser als in Rußland gespielt.« Nabokov war ähnlich vielseitig wie Ustinov: Er sammelte Schmetterlinge, konstruierte Schachprobleme und Kreuzworträtsel, gab Tennis-, Fecht- und Boxunterricht, war als Übersetzer tätig und fungierte während seines Berliner Exils als Tormann einer Fußballmannschaft. Laut Ustinov hatte er ein typisch russisches Desinteresse an der Gegenwart und wollte nie in die Sowjetunion zurückkehren. »Nabokov wollte seine Vorurteile leben. Das war bequemer.«

Diese Berührungsängste hatte Ustinov nie. Besonders in Zeiten des Kalten Krieges, als die ehemalige Sowjetunion zum »Reich des Bösen« wurde, zeichnete er ein anderes Bild Rußlands. Der kürzlich verstorbene Schweizer Historiker Jean Rudolf von Salis schrieb in seinem posthum veröffentlichten Buch *Letzte Aufzeich-*

nungen über Ustinov: »Er hat die Geschichte Rußlands in ihren Wirklichkeiten nicht anders dargestellt als einige wenige Historiker aus dem Westen. Aber irgendwie ist die Färbung, die Tonart, die Emotion, auch ein tiefes Verständnis für das russische Wesen und sein politisch-gesellschaftliches Verhältnis bei Ustinov anders; man spürt, in seinem Wesen ist er einer der ihren geblieben. Wie der amerikanische Rußland-Spezialist George Kennan wirft Ustinov der westlichen Publizistik vor, daß sie russische Verhältnisse nicht aus ihren historischen Voraussetzungen, sondern nach dem Schema ihrer eigenen Grundsätze von bürgerlichem Liberalismus und westlichen Menschenrechten beurteilen.«

Natürlich fehlt bei Ustinov nie die humorvolle Sicht der Dinge. Daß er es in den fünfziger Jahren als junger Dramatiker gewagt hatte, die Konfrontation zwischen Ost und West humoristisch auf der Bühne zu zeigen, hat man ihm verübelt. Sein Stück *Der leere Stuhl* nannte 1956 ein Kritiker eine »Verharmlosung der tödlichen Gefahr des Kommunismus«. Man warf Ustinov vor, aus weltpolitischem Ernst das Bühnenwerk eines Boulevarddramatikers zu machen. »Wir mögen keine Witzchen mehr, in denen sich die Wahrheit schelmisch bricht, denn die Wahrheit ist mit Schelmerei nicht mehr zu meistern«, hieß es.

Überhaupt ging die Kritik damals nicht zimperlich mit ihm um. Über sein Stück *Romanoff und Julia* schreibt »Die Welt« 1956: »Die große Begabung des Verfassers droht zu seinem Verhängnis zu werden. Sie enthebt ihn der Notwendigkeit zu arbeiten. Sie ermöglicht ihm den billigen, kleinen Erfolg, während große Mißerfolge ihn vielleicht auf den richtigen Weg zurückführen würden. Dieses Stück ist nicht durchgearbeitet worden.« Dafür, daß viele seiner Repliken möglicherweise bei der Übersetzung aus dem Englischen auf der Strecke geblieben sind, spricht die folgende Bemerkung: »So leicht lacht es sich in London. Wir aber sitzen näher dran und sagen: Schade.«

Heute sind Ustinovs Auftritte in keinem Land so beliebt, sind seine Bücher in keinem Land so erfolgreich wie in Deutschland. Rolf Hochhuth, der Ustinovs letztes Theaterstück *Beethovens*

Zehnte in seinen Rezensionen lobte, meint: »Einen Ustinov haben wir in Deutschland noch nicht gehabt.« Allerdings tun sich manche Feuilletonisten mit Ustinovs Vielseitigkeit und Humor schwer. In Deutschland liebt man es, anders als im angelsächsischen Raum, scharf zwischen ernster und erbaulicher Literatur zu unterscheiden. Die Chefredakteurin des Kulturteils einer großen deutschen Wochenzeitung klingt am Telefon fast angeekelt bei der Vorstellung, einen Beitrag über Ustinov zu bringen: »Ustinov, bei uns? Das kann doch nicht Ihr Ernst sein!« Welcher deutsche Akademiker würde auch amüsiert erzählen, man habe ihn in einem Brief als »Herr Rectum von Durham« tituliert?

Das *Lexikon für Weltliteratur* beschreibt Ustinov als experimentierfreudigen Bühnen- und Drehbuchautor, als Verfasser geistreicher, witziger, satirischer Dialoge. In seinem Paß wird er als Schriftsteller / Schauspieler bezeichnet. Im Telefonbuch steht hinter seinem Namen die Berufsbezeichnung: Cinéaste. Da findet er selbst »Denker und Seher« passender. Ustinov ist eben ein Mann mit vielen Gesichtern. Für die einen ist er ein feinfühliger Humanist und scharfsinniger Denker, für die anderen ein plumper Hanswurst und oberflächlicher Plauderer.

So finden sich in den Zeitungsarchiven auch manche unfreiwillig komische Stilblüten, die ihn in dieser Hanswurstrolle zeigen wollen: »Der geistige Leichtfuß mit den allmählich stockfleckiger werdenden Händen ist das, was man landläufig als Kalb bezeichnet. Oder vegetarisch als Saftwurzel.« Eine weitere Kostprobe zeigt ihn »live« bei sich zu Hause: »Ein Bild für die Götter gibt ab, wer wie er auf dem verschlissenen Teppich seines Winzerschlößchens im Waadtländischen Bursins hockt. Die Haare sind leicht violett, das Fleisch seiner Arme ist weiß wie ein Fischbauch, und in den Achselhöhlen des kurzärmeligen Hemdes – bunt gefeldert, als wär's eines von Paul Klee – bilden sich rasend schnell dunkle Halbmonde. Peter Ustinov schwitzt wie ein Berserker.«

Der neugierige Zeitungsleser darf auch noch einen Blick auf das häusliche Ambiente des bekannten Stars werfen: »Jasmin-Duftkerzen schwängern das mit Büchern und Zeitschriften vollgeklafterte Refugium. Bilder stehen am Fuß der Wände herum, jeden Winkel als ewiges Provisorium kennzeichnend. Selbst hinter der Klobürste lugen zwei Miniaturen hervor.« Aus dem »Maître de la maison«, dem Hausherrn, wird »ein sympathisches, menschgewordenes Walroß mit konfusem Image, dessen ulkig gezogene Oberlippe ihm den leichten Anstrich faunischer Dekadenz gibt«.

Zwischen einem ulkigen Stammtischbruder, der mit platten Witzen eine Tafelrunde zu Heiterkeitsausbrüchen bringt, und dem Witz dieses virtuosen Spaßmachers liegen jedoch Welten. Das deutsche Wort »blödeln« ist irreführend, denn blödeln können nur intelligente Menschen. Sich blöde zu betragen, bedeutet vom Ursprung her, unwissend, scheu und furchtsam sein. In einem tieferen Sinn aber ist der Blöde, der Dummling im Märchen oft gerade der Held und Retter, weil er sich nicht auf den konventionellen und eingefahrenen Wegen bewegt, sondern offen für neue Möglichkeiten bleibt, die das Leben bietet.

Peter Ustinov hält uns allen den Narrenspiegel vor. Seien es gekrönte Häupter, Staatsmänner, Politiker, Künstler, Akademiker oder die sogenannten kleinen Leute, über jeden weiß er komische Geschichten zu erzählen. Sein Spott wird aber nie verletzend. Die Studien über die Eigenarten der Menschen macht er auf seinen Reisen. Er liebt es, allein sein Auto zu chauffieren. Auf diese Weise hat er die halbe Welt durchquert. Wenn immer möglich, hält er an und macht seine Studien über Land und Leute.

Jean Rudolf von Salis meint über Ustinov: »Er ist ein Mensch und Künstler außerhalb jeder Definition; aber das gewaltige Geburtstagsfest, das ihm zu seinem Siebzigsten in Paris bereitet wurde (vom Fernsehen übertragen), beweist, daß er die Zuneigung gleichsam der ganzen Kulturgemeinde genießt. Von Rolf Liebermann bis Helmut Schmidt waren alle da, aus Europa und aus Amerika. Ich frage mich, wovon diese magnetische Anziehungskraft ausgeht. Ich glaube, nicht nur von seinem künstlerisch außerordentlich vielseitigen Können, von der Ausstrahlung seiner Persönlichkeit, seinem Witz, sondern von seiner Menschlichkeit, die sich kaum praktisch umtut, sondern sich vielseitig auf andere Menschen spontan überträgt, ihnen auch hilft … Ein Mann von großem Wissen, der seine Gesprächspartner in Erstaunen versetzt: so ist Peter Ustinov. Hinter seiner Heiterkeit stecken eine verborgene Melancholie und ein schwieriges Leben.«

Daß Ustinov eine verletzliche Seite hat, zeigen seine eigenen Aufzeichnungen. »In Mr. Gibbs' Schule lernte ich zu überleben, indem ich die tölpelhaften und komischen Seiten meiner Persönlichkeit betonte und meinen heimlichen Ehrgeiz aus Furcht, die von der Natur besser ausgestatteten Schüler herauszufordern, unterdrückte.« (*Ich und Ich*)

Er war ein furchtsames Kind, das zu Hypochondrien, Angstträumen und Zimperlichkeiten neigte. Ganz bewußt faßte er den Entschluß, diesen Feigheiten die Stirn zu bieten. Er beschloß, bei einem Sportfest vom höchsten Sprungbrett zu springen, einen Sprung aus der Angst zu wagen. »Da die ganze Schule und sämtliche Eltern zusahen, gab es kein Zurück. Von dort oben sah das grüne Wasser unten wie eine Briefmarke auf einem Umschlag aus … Mich selbstüberwindend – anders ging es gar nicht –, vollführte ich eine elegante Bewegung in der Luft, nicht unähnlich einer Rolls-Royce-Kühlerfigur, und fiel als verknoteter Fleischklops, bis ich eine gewaltige Explosion vernahm und sich Chlorfinger brutal in meine Nasenlöcher bohrten. Mein Magen fühlte sich an, als sei er geplatzt … Und keiner der amüsiert lächelnden Zuschauer konnte wissen, daß ich in diesem Sprung in Wirklichkeit einen Sieg über mich selbst errungen hatte, mochte er mir und meinem Haus auch keinen Ruhm einbringen.« (*Ich und Ich*)

Als Kind hat sich Ustinov, um in der harten Welt der Erwachsenen zu bestehen, ein imaginäres Land erdacht. Der erste Artikel der Verfassung dieses Landes beinhaltete, daß man Hühnern nicht den Hals umdrehen durfte. Aber er ist alles andere als ein Phantast. Sein ausgeprägter Realitätssinn erlaubt es ihm, seine Visionen Wirklichkeit werden zu lassen und eine atemberaubende Anzahl von Dingen zu bewältigen. Dabei steht er in ziemlichem

Gegensatz zu seinem Vater, dessen Schaffenspläne meist schon in den Anfängen steckenblieben. Ihm gebühre als dem Verfasser der kürzesten Romane aller Zeiten – keiner wurde länger als eine Seite – ein Platz im *Guinness-Buch der Rekorde*, meint der Sohn.

Der Name Ustinov ist vielen bekannt, doch nicht alle wissen, wer sich dahinter verbirgt. Das zeigt auch mein Anruf bei einem Buchantiquariat in Zürich. Ich frage nach dem Buch *Oh, diese Ustinovs* von Nadia Benois, der Mutter von Peter, und werde kommentarlos weiterverbunden. Es knackt in der Leitung. Nach einem kurzen Austausch von Grüezi und Grüß Gott wiederhole ich höflich mein Anliegen. Eine ungehaltene Verkäuferin belehrt mich, daß ich mit der klassischen Musikliteraturabteilung verbunden worden bin. Ich lasse mich vom Ton meiner Gesprächspartnerin anstecken und erwidere barsch: »Aber ich bitte Sie, Peter Ustinov ist doch kein Komponist.« – »Natürlich nicht, als ob ich nicht wüßte, daß er ein weltbekannter Tänzer ist«, tönt es zurück, Karl Valentins Buchbinder Wanninger läßt grüßen. Langsam werde ich ungeduldig. »Er ist weder das eine noch das andere ...« – »Warum rufen Sie dann bei mir an«, unterbricht sie mich beleidigt. Das Gespräch wird grußlos beendet. Dem ustinovschen Multitalent hat die Verkäuferin in ihrer Unwissenheit noch weitere kreative Ausdrucksformen hinzugefügt: die eines komponierenden Tänzers oder eines tanzenden Komponisten.

Eine der Lieblingsbeschäftigungen Ustinovs ist das Schlafen. Ustinov kann laut eigenen Angaben jede Nacht zwischen sieben und zwölf Stunden schlafen. Manchmal wird es wohl sogar noch etwas mehr sein. Er kann in fast allen Lebenslagen schlafen. Auch während unseres Interviews gibt er hin und wieder Kostproben seiner Schlafleidenschaft ab. An verschiedenen Stellen hätte ich einfügen können: schläft ein. Christa Roth, die Ustinov bei UNICEF betreut, weiß zu berichten, daß er fähig ist, auch auf Rußlands holprigen Straßen im Bus über weite Strecken tief zu schlafen. Als er einmal plötzlich erwachte und durchs Busfenster zufällig zum wiederholten Mal die Statue Lenins mit erhobener

Hand erblickte, rief er spontan aus: »Der arme Lenin winkt und winkt, aber noch immer hat kein Taxi angehalten.«

Die Liebe zum Schlaf ist wohl das Oblomowsche Erbe seiner russischen Vorfahren. »Das Schreckgespenst der Russen ist die Gestalt des Oblomow, jener großartigen Schöpfung des Romanciers Gontscharow. Oblomow ist ein Mensch von so erleuchteter Faulheit, daß sie sich in die Stratosphäre der Poesie erhebt. In ihm gewinnt ein ganz bestimmtes Rußland Gestalt, und er steht in einer Reihe mit Don Quijote, dem Symbol der spanischen Fähigkeit zur Selbsttäuschung, oder dem braven Soldaten Schwejk, dem Inbegriff der tschechischen Überlebenskunst, oder Falstaff, dem Heißluftballon englischer Aufschneiderei.« In der Fernsehsendung *Peter Ustinovs Rußland,* nach der ein Buch entstand, kommt auch Oblomow in einem fingierten Gespräch zu Wort, nachdem er gerade aus seinem hundertdreißigjährigen Mittagsschläfchen erwacht ist.

Als Ustinov-Oblomow nach einem kurzen Gespräch fragt, ob er nicht lieber wieder gehen solle, meint der verschlafene Russe: »Ja, bitte, weil ich doch meinen Diener nicht finden kann. Er ist wahrscheinlich in der Stadt. Ich denke, ich werde seine Abwesenheit nutzen und ein Nickerchen machen. Würde es Ihnen etwas ausmachen, den Hinterausgang zu benutzen?«

»Wieso das?«

»Wenn Sie vorne hinausgingen, könnte der Hund anschlagen, und das würde mich wecken.«

Welches Bild soll man sich von dieser facettenreichen Persönlichkeit machen? Er selbst hat sich einmal darüber beklagt, daß die Öffentlichkeit mehr am »Image« als am wirklichen Peter Ustinov interessiert sei. »Ich hasse das Wort Image. Ich tue mein Bestes. Wie gut ich es mache, sollen andere beurteilen.« Andererseits macht es Ustinov Spaß, daß man ihn kaum einordnen kann. Er liebt es, sich zu verstecken, die Menschen zu verwirren und von einer Rolle in die andere zu schlüpfen. Ustinov ist wie viele Künstler ein Mann mit Kanten und Widersprüchen. Nur wenige Menschen verkraften es unbeschadet, weltberühmt und erfolgreich zu sein wie er. Ichbezogenheit und Selbstüberschätzung sind Gefahren, die Erfolg und Ruhm mit sich bringen. Jemand, der sich so der Öffentlichkeit preisgibt und von ihr bewundert wird wie Ustinov, braucht ein geregeltes Maß an gesundem Menschenverstand, Demut und Humor, um nicht in diese Falle zu geraten.

Es war ein glühendheißer Augustnachmittag, als ich gemeinsam mit dem Fotografen Patrick Saurma erstmals nach Clos du Château fuhr. Das Haus ist auch bei bester Wegbeschreibung schwer zu finden. Der Weg führt steil hinan, an »La Bâtie« bei Vinzel vorbei, wo der bekannte Historiker Carl Jacob Burckhardt lebte, und führt dann nach links. Burckhardt konnte ich nie treffen, aber seine Witwe Elisabeth, bei der Jahr für Jahr mein Onkel und meine Tante Franz und Gabriele zu Sayn-Wittgenstein zu Besuch weilten. Sie hatten mir aufgetragen, Peter Ustinov Grüße zu bestellen.

Obwohl wir uns einige Male verfahren hatten, gelang es uns doch, pünktlich um drei Uhr an der braunen Haustür zu klingeln. Doch nichts geschah. Ich klingelte nochmals, wartete, klingelte wieder. Dann begann ich zu rufen: »Hallo, ist da jemand?« Erst klang meine Stimme zaghaft, dann wurde sie immer lauter und ungehaltener. Mitten in den Weinbergen gab es auch keine Telefonzelle. Es blieb uns nichts anderes übrig, als rufend und klingelnd vor verschlossener Tür auszuharren. Plötzlich tauchte von der Straße her ein Mann auf, mit einem riesigen Paket beladen. Flink wie eine Eidechse trachtete er, gruß los hinter die Mauerpforte zu gelangen. Doch ich war schneller, hielt ihn auf und berichtete von den vergeblichen Versuchen, im Haus Einlaß zu finden. Der Mann nickte stumm und verschwand.

Plötzlich hörte man das Geräusch eines Schlüssels. Langsam öffnete sich die Haustür. In einem blaukarierten Hemd empfing uns der Hausherr. Wir hatten offensichtlich seinem Nachmittagsschläfchen ein jähes Ende bereitet. Wie versprochen, richtete ich die Grüße meiner Verwandten aus. Peter Ustinov brummte nur: »Wittgenstein? Kenne ich nicht.«

Wir folgen ihm in einen Salon mit gelben Vorhängen. Auf einem Glastisch türmen sich Papiere, Bücher, Fotos, Zeitschriften und Zettel. Erschöpft lassen wir uns in die tiefen, hellbraunen Ledersofas sinken. Auf einem anderen Tisch stapeln sich Schallplatten. Überall steht etwas herum: Geschenke, Trophäen, Souvenirs. Auf dem schwarzen Bösendorfer Stutzflügel befinden sich zwei Skulpturen seines Sohns Igor. Vor dem Kamin ist eine bronzene Buddha-Büste zu sehen, neben einer mexikanischen Holzfigur, die Gottvater verkörpern soll. Daneben stehen auf dem Boden zwei Gemälde von Nadia Ustinov, der Mutter. Das eine ist ein Porträt des Vaters Jonah, das andere zeigt Peter als dreizehnjährigen Knaben. Über dem Kamin hängt ein Bild von Cuyp, auf dem Reiter und Knappen in Brauntönen dargestellt sind, und zwei moderne japanische Gemälde. Dann gibt es noch ein Bild von Rufino Tamayo, dem mexikanischen Maler, geschenkt von Elizabeth Taylor und Richard Burton. Wie pflegen manche Leute zu sagen? Zeige mir, wie du wohnst, und ich sage dir, wer du bist.

Patrick Saurma hat bereits mit dem Fotografieren begonnen, während ich immer noch damit beschäftigt bin, mein Aufnahmegerät zu installieren. Dieser Moment ist voller Tücken und Peinlichkeiten. Ich entrolle das Kabel, stelle Kontakte her, suche nach Kassetten, mache mit meinem Gesprächspartner Sprechproben, spule vor, spule zurück. Bereits in Genf hatte ich alles gemeinsam mit Patrick genauestens kontrolliert. Endlich kann ich erleichtert aufatmen. Alles scheint seine Ordnung zu haben. Außerdem habe ich ja noch ein zweites Gerät im Auto, falls sich wider Erwarten eine technische Panne einstellen sollte. Es kann beginnen.

Die Gespräche mit Peter Ustinov sind wahre Feuerwerke an Einfällen und Darbietungen. Plötzlich trägt er Bachkantaten vor, macht die Motorengeräusche verschiedener Autos nach, bellt wie ein Mastiff oder ein Dackel, deklamiert die Regierungserklärung der englischen Königin, eröffnet als Margaret Thatcher eine Parlamentsversammlung, nörgelt als ungehaltene österreichische Kellnerin, verliert als Präsident Reagan ständig den Faden, näselt wie Giscard d'Estaing, gibt die Anordnungen eines schweizerischen Offiziers, weint wie ein Baby. Wir lachen alle drei herzlich, die Stimmung ist vergnüglich. Plötzlich bleibt das Aufnahmegerät stehen. Ich rüttle, schüttle, klopfe auf den Tisch, doch alles ist vergebens. Ich rege mich nicht sonderlich auf, denn Patrick Saurma ist sogleich aufgestanden, um das Ersatzgerät aus dem Wagen zu holen. Erneut vollziehe ich das Kabelentwickel-, Knopfdruck- und Sprechritual. Peter Ustinov beobachtet mich wortlos. Auf seiner Stirn haben sich Schweißtropfen gebildet. Nur die Falten über der Nase lassen ahnen, was er denkt.

Erneut kommt das Gespräch in Fluß. Allmählich läßt meine Spannung nach. Ich kann wieder lachen. Nun ist Hercule Poirot an der Reihe: »Poirot ist eigentlich ein ängstlicher Zeitgenosse. Er ängstigt sich vor Katzen und fürchtet, der Stuhl, auf dem er sitzt, könnte zusammenbrechen. Mit Frauen läßt er sich nie ein. Das wäre für meinen Geschmack etwas dürftig, jedenfalls bis jetzt, aber…« Nun geschieht etwas Schreckliches. Ich dünke mich in einem Alptraum, aus dem ich möglichst schnell erwachen möchte: Das Tonbandgerät bewegt sich nicht mehr. Ich untersuche den Apparat von allen Seiten. Dann wiederhole ich verzweifelt, als sei es eine magische Zauberformel: »Eins, zwei … Eins, zwei … Eins, zwei …«

Peter Ustinov fragt lakonisch aus der Sofaecke: »Können Sie eigentlich nicht bis drei zählen?«

Um mein angeschlagenes Selbstbewußtsein wieder etwas aufzurichten, erwidere ich: »Aber ich habe doch schon so viele Interviews gemacht.«

»Vielleicht waren es zu viele!« tönt es zurück.

In meiner Verzweiflung bitte ich den Hausherrn flehentlich, ob er mir nicht mit einem Gerät aushelfen könne. Ustinov erhebt sich langsam aus dem tiefen Ledersofa, dabei seufzt er leise. Dann geht er mit gemächlichem, der Hitze angemessenen Schritten aus dem Zimmer und kehrt mit einem weiteren Aufnahmegerät zurück. Ich traue meinen Augen nicht: Es ist das gleiche Modell wie meine beiden erloschenen Apparate. Mit matter Stimme vollziehe ich erneut mein Ritual.

Patrick Saurma will den peinlichen Augenblick überbrücken und bemerkt verbindlich: »Sie wohnen hier aber in einer ruhigen Gegend.«

Wie aus der Pistole geschossen erwidert Peter Ustinov: »Das denkt sich Sony wohl auch und nimmt nicht auf!«

Wieder scheint das Gerät aufnahmebereit zu sein. Ich frage Peter Ustinov, was er vom Freiheitsempfinden der Amerikaner hält.

Unter Lachsalven imitiert er eine ungehaltene Amerikanerin in einer TV-Show: »Ich möchte niemals mehr dort hingehen. Ich hasse es ...« Nun ist der Moderator an der Reihe: »Hier muß unsere Show enden. Besonders danke ich Mrs. Miller, daß sie ihre Feindseligkeit mit uns allen geteilt hat ...«

Da geschieht noch einmal das Furchtbare: Auch dieses Gerät bleibt stehen. Exit!

Peter Ustinov, Patrick Saurma und ich sind bereits völlig mit diversen Kabelstücken, Verlängerungsschnüren und Kopfhörern zugeschnürt. Niemand weiß mehr, welches Mikrofon, welcher Zwischenstecker zu welchem Gerät gehört. Der ovale Glastisch ist mit Kassetten, Batterien und Steckern übersät. Mit Grabesstimme breche ich das Unternehmen ab. Wir verabreden, am nächsten Tag das Gespräch fortzusetzen. Wie eine geschlagene Kriegerin verstaue ich die gesamte Elektronik in meinen Tragetaschen. Alles was mir noch bleibt, ist ein geordneter Rückzug.

Auf dem Weg zur Eingangstür fällt mein Blick auf Ustinovs Rußlandbuch. Niemand kann etwas für seine Vorfahren, sie sind einem unabänderlich vorgegeben. Im Gefühl der völligen Niederlage höre ich mich sagen: »In Ihrem hervorragenden Buch findet sich auch eine Ahnin von mir, Katharina die Große.«

Er schaut mich an, als ob ich jemand sei, der sich für Marie Curie oder die Jungfrau von Orleans hält. Und sagt in sanftem Ton: »So, so, Katharina die Große ...«, und dabei nickt er, nur andeutungsweise, mitleidig mit dem Kopf.

Peter Ustinovs Vorfahr, der französische Koch Jules-César Benois, waltete als »Maître de Bouche« bei Zar Paul I. seines Amtes und heiratete die Hebamme der Zarin Maria Feodorovna. Sie trug den schönen Namen Concordia Groppe. Die Nachfahren des Paares haben das geistige und kulturelle Leben Rußlands nachhaltig mitgeprägt. Unter ihnen befanden sich Maler, Architekten, Schriftsteller, Bühnenbildner und Musiker, deren Leistungen in einem eigenen Benois-Museum in der Nähe von St. Petersburg geehrt werden. Es ist ein merkwürdiger Zufall, daß ich von zwei Töchtern von Zar Paul abstamme, von Maria Pawlowna und von Anna Pawlowna. Solche geheimnisvollen Verknüpfungen zwischen Vergangenem und Gegenwärtigem pflegt man wohl Atavismus zu nennen.

Michael Billington, Theaterkritiker des »Guardian«, schrieb einmal über Peter Ustinov: »Nichts, was er geschrieben hat, ist so komisch wie er selbst. Eine Stunde mit ihm ist besser als zwei Stunden seiner Arbeit.«

Ich hatte ausgiebig Gelegenheit nachzuprüfen, daß Billington recht hat. Für Peter Ustinov, den unübertroffenen Geschichtenerzähler, wird fast alles, was er selbst erlebt hat oder was sich auf der Welt ereignet, zur Anekdote. Davon können sich die geneigte Leserin und der geneigte Leser selbst überzeugen.

F. v. S.

Genf, im August 1997

*»Humor ist meine Art,
ernst zu sein«*

Peter Ustinov, bei Ihren vielseitigen Aktivitäten als Schauspieler, Humorist, Imitator, Talkmaster, Alleinunterhalter, Fotograf, Karikaturist, Regisseur, Schriftsteller, Dramatiker, Kolumnist und Humanist scheint Ihre außergewöhnliche Beobachtungsgabe der gemeinsame Nenner zu sein. Woher kommt diese Begabung?

Darüber habe ich mir noch nie Gedanken gemacht. Ich bin mit dieser Fähigkeit wohl schon geboren. Von Anfang an habe ich meine Umwelt genau beobachtet. Ich habe schon früh begonnen, andere zu studieren und mir die Art und Weise, wie sie redeten und sich bewegten, genau einzuprägen. Bereits als Kind gelang es mir, die besonderen Eigenarten meiner Mitmenschen nachzumachen.

VORBEHALTE

Um andere Menschen zu beobachten, muß man in der Lage sein, sich von ihnen zu distanzieren. Heißt das, Sie sind dem Leben schon immer mit einem gewissen Vorbehalt begegnet?

Wenn man andere beobachtet, wird man skeptisch. Ich habe meinen Kindern beigebracht, erst etwas zu glauben, wenn sie es selbst geprüft und für glaubwürdig befunden haben. Nur so können sie verhindern, den vielen Vorurteilen aufzusitzen, mit denen sie ständig konfrontiert werden. Denn auch in unserer scheinbar so aufgeklärten, rationalen Zeit wimmelt es immer noch von mittelalterlich anmutenden Ansichten. Allerdings wird es wohl nie eine vorurteilsfreie Welt geben. Vorurteile sind wie der Bodensatz eines guten Weines – ohne Bodensatz kein Wein.

Sind Ihnen Zweifel also wichtiger als Überzeugungen?

So paradox es klingen mag, kommt die Menschheit sich gerade durch Zweifel näher. Es sind die starren Standpunkte, die uns entzweien. Nichts gegen Überzeugungen, man muß nur fähig sein, sie gelegentlich auch wieder zu ändern. Sonst ist es, als führe man auf einem Geleise unabänderlich in die falsche Richtung. Zweifel sind eine große Herausforderung für das Denken, was für Überzeugungen nicht zutrifft. Trotz des französischen Philosophen Descartes, der alle Erkenntnis anzweifelte und nur die Gewißheit seines eigenen Denkens gelten ließ, wird der Wert des Zweifels immer noch unterschätzt. So kam er zu seinem berühmten Satz: »Indem ich denke, bin ich.«

DIE BEIDEN ICHS

Ihre Autobiographie trägt den Titel Ich und Ich. *Das klingt nicht sehr bescheiden, aber man kann den Titel ja auch in einem philosophischen Sinn verstehen. Plato nennt das Denken einen Dialog der Seele mit sich selbst. Redet in diesem Buch der Geist von Peter Ustinov mit seinem Körper?*

Als mein Buch vor vielen Jahren erstmals auf deutsch erschien, trug es den dümmlichen Titel *Ach, du meine Güte.* Etwas Blöderes hätte sich mein damaliger Verlag wohl kaum einfallen lassen können. Die Griechen hatten den Vorteil, vor uns dazusein. Sie hatten genügend Zeit, fast alle Spielformen menschlichen Denkens auszuprobieren. Was diese beiden Ichs wirklich verkörpern, weiß ich selbst nicht so genau. Jedenfalls verabschieden sich meine beiden inneren Stimmen am Ende des Buches nach ihrem langen Dialog höflich voneinander: »Danke sehr, unbarmherziger Geist.« – »Keine Ursache, allzu festes Fleisch.«

Vielleicht hat das eine Ich Ihres Buches auch etwas von dem warnenden Daimon des Sokrates, von seiner inneren Stimme, die sein Handeln leitete ...

Jedenfalls fiel es mir schwer, meine beiden Stimmen im Gleichgewicht zu halten. Keine durfte die andere übertönen. Es war ein ständiger Balanceakt. Grundsätzlich kann man sagen, daß jeder, der nicht in der Lage ist, sich in Frage zu stellen, verrückt ist. Denken Sie an Hitler. Sein Wahnsinn bestand vor allem darin, daß er völlig unfähig war, an seinen größenwahnsinnigen Ideen zu zweifeln. Eine leichte innere Gespaltenheit ist normal und noch keine Schizophrenie. Salz und Pfeffer würzen die Speisen. Nur wer versucht, sich allein von Pfeffer zu ernähren, befindet sich in einem alarmierenden Zustand.

»ES GESCHAH AM 18. JUNI ...«

Heißt das, daß für Sie der Zweifel auch eine Form des inneren Zwiegesprächs darstellt?

Der Zweifel braucht ein inneres Gegenüber. Daher dachte ich, es sei ehrlicher, meine Autobiographie in Dialogform zu schreiben. Sonst wäre vielleicht ein Erinnerungsband dabei herausgekommen, wie er häufig alten Generälen aus der Feder zu fließen pflegt: »Es war am 18. Juni, als mir mit einem Mal klarwurde, wie gefährlich die Situation war. Ich rief Göring an und sagte ihm gehörig meine Meinung ...« Wenn ich solche Memoiren lese, glaube ich kein Wort.
Vielleicht hat der alte General an diesem Tag wirklich bei Göring angerufen und ihm gehörig seine Meinung gesagt.
Es kann aber auch sein, daß er plötzlich Angst vor der eigenen Courage bekam und in Wirklichkeit am Telefon stammelte: »Ent-

schuldigen Sie, Herr Generalfeldmarschall, ich habe die falsche Nummer gewählt.«

Wer, wenn nicht der Autor selbst, kann die Schönfärberei der eigenen Erinnerungen in Frage stellen? Vor allem, wenn es keinen anderen Augenzeugen gibt. In meinem Buch würde sich bei solchen Passagen mein zweites Ich skeptisch zu Wort melden. »Was soll das heißen, du hast mit Göring telefoniert? Erinnerst du dich nicht, daß dir plötzlich die Worte im Hals steckenblieben und du ...«

NACH DEM EIGENEN RHYTHMUS

Unser ganzes Leben lang versucht man uns in vorgegebene, starre Muster gesellschaftlicher Strukturen zu zwängen. Nur wenige sind fähig wie Sie, nach ihrem eigenen Rhythmus zu leben. Oft werden aus begabten und phantasievollen Kindern angepaßte Erwachsene, deren vielversprechende Kreativität erloschen scheint ...

Eines Tages bekam meine Mutter vom Schuldirektor ein Zeugnis zugeschickt, in dem folgender Eintrag stand: »Er hat große Phantasie, die um jeden Preis gezügelt werden muß.« Irgendwie konnte ich diesen und ähnliche Versuche, meine Kreativität zu gängeln, stets erfolgreich abwehren. Ich habe mich niemals in irgendein System zwängen lassen; auch auf der Schauspielschule nicht. Heutzutage gibt es in England eine Reihe guter regionaler Schauspieler, die mit verschiedenen Akzenten sprechen. Früher mußte die Redeweise auf der Bühne äußerst vornehm klingen. Nur reinstes Oxford-English war erlaubt. Diesen parfümierten Akzent kann ich nicht ausstehen. Die Angewohnheit der vornehmen Leute aus der Oberschicht, der Upperclass, sich in diesem gekünstelten Tonfall zu unterhalten, klingt einfach lächerlich. Mir ist jede andere Aussprache lieber als dieses gezierte Genäsele. Mein Englisch tönt alles andere als affektiert. Ich bin gegen jede Form von Affektiertheit.

Ihre Vorfahren kamen aus vielen Ecken der Erde. Sie entstammen einem wahren Nationalitäten-Cocktail: russisches, deutsches, schweizerisches, portugiesisches, abessinisches, französisches, italienisches Blut fließt in Ihren Adern. Zugleich sind Sie in nur einem Land, in England, groß geworden. Wodurch werden die Menschen Ihrer Meinung nach mehr geprägt, durch die Gene oder durch die Umgebung, in der sie aufwachsen?

Vor kurzem fand eine große UNESCO-Tagung zu diesem Thema in Valencia statt, bei der ich den Vorsitz hatte. Unter den Teilnehmern befand sich auch Umberto Eco. Als ich ihn um seine Telefonnummer bat, hat er sie auf ein Stückchen Papier mit der Notiz aufgeschrieben: I can't be Kant.

Bei dieser Konferenz sagte ich, kleine Kinder kennen keine Vorurteile. Sie spielen ganz selbstverständlich mit mißgebildeten Spielgefährten. Es sind die Eltern, die sich über den Anblick körperlicher Entstellungen entsetzen und die Behinderten ausgrenzen wollen. Nicht die Kinder, sondern die Erwachsenen wehren sich gegen behinderte Spielgefährten für ihre Töchter und Söhne. Voreingenommenheit entsteht meist erst im Umfeld schulischer oder religiöser Erziehung. In der Schule wird den Schülern viel Unnötiges aufgepfropft. Ich selbst muß mir immer noch einiges von dem abtrainieren, was mir in der Schule angelernt wurde.

Andere Tagungsteilnehmer in Valencia wandten ein, unser Verhalten würde hauptsächlich durch die Gene geprägt. Wir kämen bereits voller Vorurteile auf die Welt. Diese Ansicht teile ich nicht.

Übrigens wies ich bei der Eröffnungsrede im Scherz darauf hin, daß Intellektuelle viel mehr Gefasel von sich geben als normale Leute. Ihre sprachlichen Möglichkeiten sind einfach größer. Ich warnte davor, daß, wenn die Redner sich zu sehr in ihren Theorien verlören, ich sie mit meinem Nonsens rasch wieder aus diesen Höhenflügen auf den harten Boden der Realität zurückbringen würde.

Sie meinen also, daß Kinder die Ansichten ihrer Eltern nicht einfach wie Schafe nachblöken?

Nein, vor allem können sie sehr genau unterscheiden, ob die Erwachsenen auch meinen, was sie sagen. Was man ihnen vorlebt, ist wichtiger als alle Worte. Kinder wissen sehr schnell, wenn man ihnen etwas vormacht. Sicher besteht jeder Lernprozeß auch darin, vorgefaßte Meinungen zu übernehmen. Aber wenn Kinder intelligent genug sind, dann werden sie die Welt immer mit ihren eigenen Augen sehen wollen.

Wie war das bei Ihnen?

Mein Vater war außerordentlich konservativ. Deshalb hat er sich auch in England so wohl gefühlt. Ihm fehlte jedes Verständnis für eine modernere Weltanschauung. Für mich war es eine ganz natürliche Reaktion, mich in Opposition gegen diese Einstellung meines Vaters zu stellen. Er hat Dinge akzeptiert, mit denen ich mich überhaupt nicht einverstanden erklären konnte. Allerdings war er von Anfang an gegen die Politik der Nationalsozialisten. Er fand ihr Gebaren einfach grotesk.

Jonah Ustinov war der englische Korrespondent der Deutschen Presse Agentur, die zu dieser Zeit noch Wolff's Telegraphisches Büro hieß. Man hatte ihn nicht nur wegen seiner besonderen journalistischen Fähigkeiten von Den Haag nach London geschickt. Bei Wolff hoffte man, mein Vater würde mit dem Namen »von Ustinov« auf die Engländer weniger deutsch wirken. Die Erinnerung an den Ersten Weltkrieg steckte allen noch in den Knochen. Deutsche waren 1921, so kurz nach dem Ende des Ersten Weltkriegs, in England nicht sehr populär. Parolen wie »Hängt den Kaiser« lagen noch in der Luft.

Da wir nicht viel Geld hatten, lebten wir in einer dünnwandigen Wohnung. Mit drei oder vier Jahren hörte ich meinen Vater Abend für Abend seinen Bericht durchs Telefon nach Berlin brüllen: »Lloyd George hat heute im Unterhaus gesagt ... An-

führungsstriche … Ach, Fräulein, muß ich mich ständig wieder-
holen, passen Sie doch besser auf …« Als Baby habe ich zwar
wenig geschlafen, dafür aber ohne jede Anstrengung Deutsch
gelernt.

EIN FAMILIENPATRIARCH

Haben Ihre vier Kinder in ihrer Jugend gegen Sie aufbegehrt?

Eigentlich nicht. Meine Kinder sind in anderen Bereichen als ich
tätig. An meinem 70. Geburtstag, der in Paris bei der UNESCO
gefeiert wurde, waren wir alle zusammen. Ich sagte zu ihnen:
»Kinder, ich bin jetzt siebzig Jahre alt geworden und muß mich
nun bald entscheiden, was ich mit meinem Leben anfangen soll.«
Und mein Sohn erwiderte: »Das stimmt schon, aber man soll
nichts überstürzen.«

Konnten Sie Ihre Sprachbegabung weiter vererben?

Merkwürdigerweise nicht. Schon meine beiden Eltern sprachen
vier Sprachen. Das liegt eigentlich in unserer Familie. Man hat im
englischen Bath neben dem Royal Theatre ein Theater eröffnet,
das meinen Namen trägt. Das Ganze war eine Überraschung für
mich. Mein Sohn Igor, der Bildhauer ist, entwarf das Logo. In
Bath wurden in einer Ausstellung auch einige seiner Werke gezeigt. Bereits am ersten Tag verkaufte er neun Statuen. Ich nahm
ihn zur Seite und gab ihm den guten Ratschlag: »Es wird Zeit, daß
du dein Englisch verbesserst. Es besteht das Risiko, daß du nun
ein bekannter englischer Bildhauer wirst.« Igor hat einen englischen Paß.

Sind Ihre Kinder bei Ihnen aufgewachsen?

Nach meiner Scheidung von Suzanne Cloutier kamen meine Kinder in Schweizer Internate. Pavla kam nach Château Brillamont, Andrea nach Châlet Marie-José und Igor nach Le Rosay. Mein Vertrauen in Igor wuchs, als er von der Schule durchbrannte. Er ertrug die Gesellschaft der verwöhnten Kinder nicht mehr, die sich kleine Alfa Romeos mit der Kreditkarte ihres Vaters kaufen konnten.

Le Rosay ist ja ganz in der Nähe von Bursins. Da konnte Ihr Sohn Sie sicher häufig besuchen ...

Einmal kam er mitten in der Woche zum Tee nach Hause. Um halb fünf blickte er ständig nervös auf seine Uhr. »Papa, ich muß aber jetzt wieder in die Schule zurück. Man hat mich schon zweimal bestraft, weil ich zu spät gekommen bin«, teilte er mir beunruhigt mit. Wir fuhren gleich los. Alles wäre problemlos verlaufen, wenn nicht die großen Herbstmanöver des Schweizer Militärs stattgefunden hätten. Die Brücke, die über die Autobahn führt, war verbarrikadiert worden. Soldaten standen herum, sie hatten Wasserflaschen, Trillerpfeifen und Kartentaschen umgehängt. Sie sahen sehr wichtig aus. Auf einem Schild stand in den drei Landessprachen geschrieben: »Diese Brücke ist durch einen feindlichen Angriff zerstört worden.«
Ich hielt an und bat uns durchzulassen. Ein Soldat schnauzte mich an: »Können Sie nicht lesen?«
»Natürlich kann ich das Schild lesen, aber ich kann auch sehen, daß diese Brücke völlig intakt ist. Was soll diese Albernheit, ich möchte weiterfahren«, erwiderte ich ungehalten.
Der Mann in Uniform belehrte mich: »Das Schild ist aber neuer als die Brücke.« Als ich ihn über die Notlage meines Sohnes aufklärte, meinte er: »Heute kann ich auf Ihre Argumente nicht ein-

gehen. Am Freitag wäre das etwas anderes. Dann wird diese militärische Übung beendet sein, und ich bin wieder Zivilist.«

Igor heulte. Ich beruhigte ihn, fuhr zurück und versteckte das Auto für eine Weile hinter einem Gebüsch. Dann kehrte ich zur Brücke zurück. Wieder herrschte mich der Wachposten an: »Haben Sie nicht verstanden, was ich Ihnen gesagt habe?« – »Schon, aber ich habe gerade von Ihrem Vorgesetzten die freudige Nachricht erhalten, daß die Brücke in der Zwischenzeit vom Schweizerischen Pionierwesen wiederhergestellt worden ist. Gehen Sie dort zum Gebüsch und erkundigen Sie sich, ob es stimmt.« Er ging los und befahl mir, auf ihn zu warten. Kaum war er außer Sichtweite, raste ich über die Brücke und lieferte meinen Sohn im Internat ab.

Als ich ihn bei seinem nächsten Besuch fragte, ob er noch rechtzeitig zurückgekehrt sei, erzählte er mir: »Ich war pünktlich, aber der Schuldirektor kam zu spät. Er hat sich nicht getraut, über die gesprengte Brücke zu fahren und hat einen langen Umweg gemacht.«

Das Militär ist eben ein wichtiger Faktor im Leben der Schweizer Bürger…

Ein anderes Mal war ich im Berner Oberland, in Les Diablerets, mit dem Auto unterwegs. Da traf ich auf einen Panzer der Schweizer Armee, der von vier Pferden gezogen wurde. Ein Bauer trieb die Rosse mit der Peitsche zur Eile an. Das Gefährt wirkte wie eine militärische Badewanne. Ich blieb stehen und erkundigte mich, ob ich nicht helfen könne. Plötzlich tauchte der Kopf eines Soldaten aus dem Panzer auf und rief mir zu: »Die Hypothese dieser Übung lautet, daß alle eidgenössischen Benzinbestände vom Feind zerstört worden sind.« Als ich zwei Stunden später wieder vorbeikam, war die merkwürdige Karawane immer noch unterwegs.

Kennen Sie die Schweizer Version der Schöpfungsgeschichte?

Nein, erzählen Sie ...

Gott schuf die Schweiz, nachdem er die Urbewohner nach ihren Wünschen und Vorstellungen befragt hatte. Sie wünschten sich eine schöne Landschaft und Kühe. Als der Allmächtige nach einiger Zeit die Schweiz besuchte, war er beeindruckt, was die fleißigen Schweizer alles geschafft hatten. Er sah die saftigen Wiesen und die fetten Kühe und bat, als kleinen Dank für seine gelungene Schöpfung, um ein Glas Milch. Er bekam seine Milch, aber mit einer Rechnung von zwei Franken und fünfzig Rappen.

BUDDHAS OHREN

Sie leben seit vielen Jahren hier in der Schweiz, sind aber immer ein Weltbürger geblieben. Welcher Nation fühlen Sie sich eigentlich wirklich zugehörig?

Ich war von Anfang an ein Weltenbummler. Bereits vor meiner Geburt bin ich herumgereist. Ich wurde in St. Petersburg gezeugt, war kurz in Holland und kam in London zur Welt. Auch heute noch bin ich viel unterwegs. Nadia Benois, meine Mutter, war eine französisch- und italienischstämmige Russin, und mein Vater, Jonah Ustinov, genannt Klop, war ein russischstämmiger Deutscher. Klop ist russisch und bedeutet Wanze. Diesen Spitznamen hat ihm meine Mutter gegeben.

Als Säugling verglich mich meine Mutter immer wieder mit einem Buddha, weil ich ständig lächelte und mich kaum bewegte. Ich war zudem so rund wie eine Kugel. Meine Eltern wußten nie genau, ob ich auch richtig herum in meinem Bettchen lag. Natürlich habe ich nie behauptet, ein Buddha zu sein. Aber merkwürdigerweise blieb Jahrzehnte später ein alter Thai, als er mich sah, auf einer sehr belebten Bangkoger Straße stehen und rief aus: »Oh, das ist ja ein lächelnder Buddha!« (mit englisch-asiatischem Akzent). Das war doch recht schmeichelhaft.

Ihre großen Ohren erscheinen den Buddhisten vielleicht als Zeichen von Weisheit ...

Sie müssen wissen, wovon Sie reden, Sie haben ja ein Buch über den Dalai Lama verfaßt. Als ich mit dem Oberhaupt der Tibeter zusammentraf, stachen mir besonders die vier Impfnarben auf seinem Oberarm ins Auge. Sie erinnerten mich an vier Flugzeuge eines Geschwaders, die unabänderlich in gleicher Entfernung voneinander fliegen.

HUMOR

Peter Ustinov, Ihnen scheinen paradoxe Formulierungen besonders zu liegen. So haben Sie einmal gesagt, Humor sei Ihre Art, ernst zu sein ...

Das Paradoxe stellt eine Beziehung zwischen dem verzerrten Bildnis und dem wirklichen Abbild eines Menschen her. Oft sagt das verzerrte Bild mehr über sein wahres Wesen aus. Wahrscheinlich ist das Lachen das einzige, was uns wirklich von den Tieren unterscheidet. Tiere, die lachen, kenne ich nicht, obwohl man manchmal fälschlicherweise das Bellen der Hyäne so deutet. Alte Damen neigen bisweilen dazu, ihre niedlichen kleinen Schoßhündchen als lächelnde Wesen anzupreisen. Kaum haben sie die lobenden Worte ausgesprochen, schon hat einen der kleine Kläffer ins Bein gebissen.

Auch Babys scheinen zu lachen, aber dann stellt sich heraus, daß ihnen der Bauch weh tut und sie nur deshalb ihr Gesicht verzogen haben. Humor setzt also Bewußtheit voraus. Er hat überall seinen Sinn, und sei es nur den, die Leute nachdenklich zu stimmen.

Wenn ich andere zum Lachen bringe, dann bin ich meistens ernst. Tief in meiner Seele bin ich überhaupt ein ernster Mensch. Immer wenn ich versuche, komisch zu sein, lacht niemand. Lachen ist wie ein Bad, das überläuft. Bin ich jedoch wirklich ernst, dann bringe ich die Leute zum Lachen. So ist das wohl auch bei den Clowns. Daher ist es sicher kein Zufall, daß gerade aus der sonst so ernsten Schweiz immer wieder wunderbare Clowns kommen.

EIN HAUCH VON MELANCHOLIE

Humor lebt im Spannungsfeld von Heiterkeit und Tragik. Kennen Sie bei all Ihrem Witz auch melancholische Momente?

Ja, ich habe auch eine melancholische Seite. Ernst und Witz liegen oft sehr nahe beieinander. Ohne den Blick für die komische Seite der tragischen Dinge wäre das Leben kaum auszuhalten. Mein Buch *Krumnagel* könnte man auch als Tragödie lesen. Diese amüsante Geschichte hat im Grunde auch eine tragische Dimension. Es geht um den Polizeichef Krumnagel, der aus seinen enttäuschenden Lebenserfahrungen den Schluß zieht, daß die sogenannten anständigen Menschen die eigentlichen Bösewichte sind. Krumnagel wird mit einer Weltreise belohnt, weil er sich jahrelang selbstlos für das Gemeinwohl einer amerikanischen Großstadt eingesetzt hat.

Schließlich bringt er den Gouverneur um, der ihm Karten für diese Tour geschenkt hatte. Während seiner Reise erschießt Krumnagel aus Pflichtgefühl in einer englischen Dorfkneipe einen alten Mann, der sich zum Kommunismus bekennt. Krumnagel, der die kommunistische Gesinnung für einen Verstoß gegen die guten Sitten hält, greift aus Pflichtgefühl zur Waffe. Damit beginnt seine eigenartige Irreise durch die englischen Gefängnisse, bei der aus dem einstigen Hüter von Recht und Ordnung ein Ausgestoßener der Gesellschaft wird.

PAWLOWSCHE REFLEXE

Warum spricht Sie die Theorie des russischen Forschers Pawlow, nach der unser Verhalten weitgehend durch antrainierte Reflexe bedingt ist, mehr an als Freuds Tiefenpsychologie, wie Sie einmal geschrieben haben?

Reflexe sind Bestandteile des Instinktes. Besonders das Theater lehrt einen, schnelle Reflexe zu entwickeln. Ich glaube, auch der Verstand wird von dieser Schnelligkeit des Denkens beeinflußt. Dann ist man in der Lage, spontan richtig zu reagieren. Die Reaktionsfähigkeit ist möglicherweise auch eine Frage des Adrenalins; beim Theater ist es jedenfalls so.

Bei Unfällen oder in anderen gefährlichen Momenten hatte ich immer wieder den Eindruck, die Zeit bliebe stehen. In solchen Augenblicken wußte ich meist ziemlich genau, wie ich mich verhalten sollte. Ich war fast hellsichtig und ließ mich ganz von meinem Instinkt leiten. Wie durch ein Wunder geschah mir nichts. Es ist mir zweimal passiert, daß ich in große Gefahr geriet. Das eine Mal hatte ich einen Autounfall. Mein Auto überschlug sich in einem Tunnel. Ich reagierte blitzschnell. Erst später, als die Gefahr vorüber war, begriff ich, was mir alles hätte passieren können. Ich habe aber trotzdem in der Nacht gut geschlafen. Das andere Mal befand ich mich im Garten Indira Gandhis, als sie durch ein Attentat ums Leben kam. Das hätte für mich auch schlecht ausgehen können. Ich blieb in diesem Moment aber völlig ruhig, erkannte die Gefahr und verlor nicht die Nerven.

DIE ERMORDUNG INDIRA GANDHIS

Die indische Premierministerin ist in Neu-Delhi am 31. Oktober 1984 in ihrem Garten in der Akbar Road ermordet worden. Wie kam es, daß Sie zum Augenzeugen wurden?

Ich wollte die Premierministerin für eine Sendereihe des irischen Fernsehens mit dem Titel *Peter Ustinov's People* interviewen. Alles war bereit. Ihr Platz war vorbereitet, das Mikrofon angeschlossen und sogar der Tee bestellt. Plötzlich hörte man drei einzelne Schüsse. Unser indischer Kameramann meinte mit seiner schleppenden Stimme: »Schon wieder ein Feuerwerk. Wir Inder sind doch sehr kindliche Menschen. Bei jeder Gelegenheit lassen wir Feuerwerkskörper hochgehen.« Er hatte genug Zeit, den Satz zu beenden, erst dann vernahm man das Rattern von Maschinengewehren. Ich konnte nicht viel sehen, weil das Gebäude wie ein Minipentagon abgeschottet war. Soldaten liefen mit gezogenen Gewehren fast geräuschlos über den Rasen. Sie hatten alle Anwesenden im Visier. Wir rührten uns nicht.

Von neun Uhr morgens bis drei Uhr nachmittags wurden wir im Garten festgehalten. Es war unheimlich. Ich sah aus den Augenwinkeln einige Eichhörnchen und ein Geierpärchen. Die Tiere ließen sich von den Schüssen nicht stören. Sie spürten wohl instinktiv, daß die Bedrohung nicht ihnen galt. Das Geiermännchen versuchte vergeblich, in sein Nest auf der Baumspitze zu gelangen. Sein Weibchen stieß ihn wieder hinunter. Das Männchen flog zurück und begann nun seinerseits das Weibchen mit den Flügeln zu traktieren. Ich habe meine Eindrücke spontan auf ein Tonband gesprochen. Heute hört es sich eigenartig an, weil ich damals sagte: »Ich hoffe, daß sich Indira Gandhi rasch erholen wird und wir unser Interview in den nächsten Tagen nachholen können.« Kurz vor ihrem Tod hatte sie den Truppen befohlen, den Tempel Amritsar zu stürmen. Sie ist von ihren Sikh-Leibwächtern ermordet worden.

ZUFALL ODER PLAN?

Wenn Sie auf Ihr langes und erfolgreiches Leben zurückblicken, glauben Sie, daß die entscheidenden Ereignisse Zufälle waren, oder gibt es eine unsichtbare Macht, die unser Leben leitet?

Ich habe einmal etwas ironisch gesagt, daß ein guter Journalist jemand ist, der fähig ist, eine Geschichte zu erfinden, nach der sich die Wirklichkeit dann entwickelt. Darin steckt ein Quentchen Wahrheit. Man kann die Dinge in gewisser Weise anziehen. Wir sind nicht völlig den Zufällen ausgeliefert, das glaube ich nicht. Irgendwie können wir den Lauf der Ereignisse doch beeinflussen. Aber etwas Glück gehört auch dazu.

WAS IST GLÜCK?

Wie würden Sie Glück definieren?

Das hängt ganz von den Umständen ab. Ein Franzose würde vielleicht sagen: »Wenn ich mir das Glück vorstelle, dann denke ich an eine Cocktailparty, auf der ich eine faszinierende Frau treffe. Wir verlieben uns auf der Stelle ineinander, verlassen die Party, nehmen eine Hotelsuite, bestellen Champagner, verbringen eine wunderbare Liebesnacht. Am nächsten Morgen läßt uns der Direktor wissen, daß das Hotel alle Kosten übernehmen will.«
Der Engländer findet diese Idee von Glück sicher recht uninteressant: »Es ist in der Morgendämmerung, Ende November, die ganze Nacht über hat es geregnet. Ich stehe im Sumpf, das Wasser reicht mir bis zur Hüfte, neben mir hechelt mein Hund. Die Flinte halte ich im Anschlag und warte, bis sich die erste Ente am Himmel zeigt. Das ist für mich der aufregendste Augenblick, den es gibt.«
Für einen Russen in der ehemaligen Sowjetunion war Glück wieder etwas anderes: »Ich liege zu Hause in meinem Bett im tiefsten Schlaf, lautes Klopfen ertönt an der Eingangstür. Ich springe aus dem Bett, werfe mir meinen Schlafrock über. Vor der Tür steht ein Mann im Ledermantel, der mich anherrscht: ›Sind Sie Iwan Iwanowitsch?‹ Und ich kann ihm antworten: ›Nein, der wohnt nebenan!‹«

INTUITION

Wie treffen Sie Ihre Entscheidungen? Nach gründlicher Überlegung mit dem Kopf oder mehr intuitiv aus dem Bauch heraus?

Ich bin als ausgesprochen intuitiver Mensch überzeugt, daß man Entscheidungen nicht nur mit dem Kopf allein treffen soll. Die Intuition läßt uns meist das Richtige tun, wenn man ihr nur Raum gibt und auf sie hört. Die Aufgabe des Verstandes ist es, unser Verhalten zu korrigieren. Ich glaube, wenn man zuviel überlegt, dann wird man zu zerebral und blockiert seinen Instinkt.

Wie es bei Goethe heißt: »Der Handelnde ist immer gewissenlos; es hat niemand Gewissen als der Betrachtende ...«

Das gilt für viele Situationen. Denken Sie ans Autofahren. Wenn Michael Schumacher bei seinen Autorennen das Steuer angstvoll umklammern würde, käme er schnell ins Schleudern. Er muß mit leichter Hand lenken, um schnell reagieren zu können. Dieses Bild kann man auch aufs Leben übertragen.

SELBSTVERTRAUEN

Die meisten psychologischen Schulen betonen, wie wichtig ein grundsätzliches Urvertrauen für das seelische Gleichgewicht von Kindern ist ...

Schon als Kind spürte ich ein tiefes Vertrauen in mir, das mir das Gefühl gab, mir könne nichts wirklich Gefährliches zustoßen. Ich habe Vertrauen ins Leben. Ich weiß nicht genau, woran ich glaube, aber ich bin bereit, jeden Augenblick erstaunt zu sein. Während des Zweiten Weltkriegs lebte ich in der völligen Gewißheit, den Krieg zu überleben. Ich zweifelte keinen Augenblick daran, diese Zeit unbeschadet zu überstehen. Daher fragte ich mich auch nie, ob das, was ich tat, mutig war oder nicht. Ich war ganz einfach überzeugt, mir könne nichts geschehen. Diese Vertrauensseligkeit nimmt im Laufe der Jahre natürlich ab.

Viele Schauspieler scheinen zum Aberglauben zu neigen. Wie ist das bei Ihnen?

In diesem Beruf gibt es Rituale, die von Land zu Land verschieden sind. Zum Beispiel darf man in England niemals in einer Loge pfeifen. In Frankreich erträgt man die grüne Farbe nur schwer. Als ich meine Garderobe grün dekorieren ließ, spuckten die Schauspieler, die hereinkamen, dreimal auf den Boden und kreuzten Mittel- und Zeigefinger. Besonders abergläubisch sind die Amerikaner. In den Horoskopen der Boulevardpresse fehlt das Sternbild des Krebses. Menschen, die unter diesem Sternzeichnen geboren wurden, nennt man »Mondmenschen«. In den Hotels gibt es keine Zimmer mit der Nummer 13, und man findet nirgends ein dreizehntes Stockwerk.

In meiner Familie gilt die Dreizehn als Glückszahl …

Mein Onkel Peter wurde 1917 im Ersten Weltkrieg an einem Freitag, dem dreizehnten, mit dem Flugzeug abgeschossen. Am Tag vorher hatte er zu meinem Vater gesagt, er fühle sich so müde, daß er für immer schlafen könne.
Ich bin nicht abergläubisch, das heißt, ich glaube nicht an meinen Aberglauben. Einmal hat ein Wahrsager in einer Straße in Hongkong meine Handlinien studiert und mir gesagt: »So eine Hand habe ich noch nie gesehen. Sie werden hundert Jahre alt. Sie werden sehr, sehr alt werden, so zwischen fünfundneunzig und neunzig. Wenn Sie achtzig sind, werden Sie immer noch sehr aktiv sein. Ich meine mit fünfundsiebzig …« Ich habe ihm zu verstehen gegeben, er solle mit seinen Prognosen endlich aufhören, weil er ständig meine Lebensspanne verkürzte.

Über die Wurzeln

Vielleicht hat dieses Grundvertrauen etwas mit der Lebenseinstel-
lung Ihrer Mutter zu tun. Ihre Mutter scheint eine recht selbstbe-
wußte Frau gewesen zu sein. Nach Jean Paul geben die Mütter un-
serem Geist die Wärme ...

Meine Mutter Nadia Benois war eine außergewöhnliche Frau.
Bisweilen verhielt sie sich wie eine Tante, dann wieder wie eine
Schwester, manchmal wie eine Tochter – sogar als ich noch ziemlich jung war –, aber sie war stets eine Mutter. Wir verstanden uns
sehr gut. Meine Mutter hat sich nie in mein Leben eingemischt
oder mir ihre wohlmeinenden Ratschläge aufgedrängt. Von ihr
habe ich gelernt, wie wertvoll und wichtig Unabhängigkeit ist. Sie
selbst war ein sehr unabhängiger Mensch.
Nadia war mir gegenüber niemals besitzergreifend. Sie war das
völlige Gegenteil von Mrs. Jones, der Mutter eines New Yorker
Anwalts. Mrs. Jones schenkte ihrem Sohn zwei Krawatten zum
vierzigsten Geburtstag. Die eine war blau mit gelben Entchen, die
andere grün mit roten Pünktchen. Am Abend fand eine große Ge-
burtstagsfeier statt. Lange überlegte der gehorsame Sohn, welche
Krawatte seiner Mutter an diesem Abend besser gefallen würde.
Schließlich entschied er sich für die blaue. Die meisten Gäste waren schon da, als seine Mutter den Raum betrat, ihn scharf musterte und mit beleidigter Stimme verkündete: »Die grüne Krawatte hat dir wohl nicht gefallen!«

*Ihre Mutter war eine ziemlich erfolgreiche Malerin. Einige Bilder
hängen in so bekannten Galerien wie der Tate-Galerie und dem
Carnegie-Institut. Trotzdem hat sie sich immer wieder den kunst-
kritischen Bemerkungen Ihres Vaters gebeugt und Bilder, die ihm
nicht gefielen, übermalt ...*

Meine Mutter war nicht nur als Malerin anerkannt, sondern auch
als Bühnen- und Kostümbildnerin, vor allem fürs Ballett. Dem
Urteil meines Vaters hat sie sich um des häuslichen Friedens willen gebeugt. Er war ein irrationaler und leicht reizbarer Mann. Ich
hingegen habe ein eher sanftes Naturell, obwohl ich tempera-
mentvoll sein kann.

Als ich eines Morgens zur Schule ging, war meine Mutter gerade
dabei, die Variation eines El-Greco-Bildes zu malen. Mir gefiel
dieses Bild ausgesprochen gut. Am Abend mußte ich feststellen,
daß sie das Bild durch das Stilleben *Schüssel mit Äpfeln* ersetzt
hatte. Die Äpfel waren im Stile Renoirs gemalt, einem Maler, den
mein Vater damals sehr schätzte. Die Tatsache, daß die El-Greco-
Variation Äpfeln von Renoir zum Opfer gefallen war, machte
mich fuchsteufelswild. Meine Eltern waren von diesem vehemen-
ten Gefühlsausbruch völlig überrascht. Es war das einzige Mal in
meinem Leben, daß sie mich beide anschrien. In dieser Auseinan-
dersetzung geriet ich vollends in Rage, schmiß die Tür zu, stürzte
in mein Zimmer und schloß mich für die nächsten Stunden grol-
lend ein. Plötzlich verspürte ich eine völlig neue Stärke in mir.
Zum ersten Mal war ich für meinen eigenen Standpunkt einge-
treten. Dieser unangenehme Augenblick war ein Wendepunkt in
meinem Leben. In meinen Augen war ich ich selbst geworden.

*Ihre Eltern scheinen in gewisser Weise eine eher konventionelle Ehe
geführt zu haben, nach dem Schema der herrische Mann und die be-
sänftigende Frau. Wie es im* Struwwelpeter *heißt:* »Und die Mutter
blicket stumm / Auf dem ganzen Tisch herum ...«

Meine Mutter war meinem Vater, trotz seiner vielen Affären, vollkommen treu. In ihrem Leben gab es keinen Mann außer ihm. Sie hatte ihm, als sie heirateten, ihr Wort gegeben und ist trotz vieler Brüskierungen niemals auf den Gedanken gekommen, es zu brechen. Nadia hat ein Buch über ihn verfaßt mit dem Titel *Klop*; auf deutsch ist es unter dem Titel *Oh, diese Ustinovs* erschienen. Es war freundlich und versöhnlich von ihr gemeint. Jedoch lasen manche Kritiker etwas anderes zwischen den Zeilen. Sie fanden, Klop müsse ein ziemlich unausstehlicher Mensch gewesen sein.

Meine Mutter war darüber entsetzt. Sie hatte dieses Buch als Lobeshymne auf Klop geschrieben, weil sie ihn für einen außergewöhnlichen Mann hielt. Unbewußt hat sie aber auch eine andere Botschaft einfließen lassen. Allerdings hat meine Mutter die Rezension mit der Überschrift »Ustinovs Vater war ein selbstgefälliger Snob« gut sichtbar in ihr Album geklebt, ohne je ein Wort darüber zu verlieren. Möglicherweise war das die einzige Rache, deren sie fähig war.

»ÖDIROIS«

War Ihre Mutter ein glücklicher Mensch?

Da sie kein sehr erfülltes Leben hatte, setzte sie ganz auf mich. Sie sagte immer wieder, sie hätte schon von Anfang an gewußt, daß ich eine Art Genie sei. Das war mir ziemlich peinlich. Wir haben auch sehr amüsante Dinge zusammen erlebt. Einmal fuhren wir gemeinsam mit dem Auto durch Frankreich. Ich spielte in einem Film, sie entwarf das Dekor und die Kostüme. Es war kurz nach dem Krieg. Ich mußte in Limoges anhalten. Wir suchten vergeblich nach einem Hotel und fanden schließlich ein äußerst schäbiges, in dem nur noch ein einziges Zimmer frei war. Es war bereits zwei Uhr morgens, und uns blieb nichts anderes übrig, als uns das Zimmer zu teilen.

Es war mir unerklärlich, warum gerade dieses Zimmer unbesetzt geblieben war, bis plötzlich ein Zug unter höllischem Lärm vorüber ratterte. Er raste so nahe am Hotel vorbei, daß die Zugreisenden Schatten auf die Zimmerwand warfen. Ich überließ meiner Mutter natürlich das Bett und sank völlig erschöpft auf ein Sofa nieder. Da wir zu später Stunde eingetroffen waren, hatten wir die Anmeldeformulare noch nicht ausgefüllt. Am nächsten Morgen trug ich als Familiennamen, auf König Ödipus anspielend, »Ödirois« ein.

Was haben Sie empfunden, als Sie Ihren Vater als Frauenhelden erlebten?

Ich fand es grauenhaft, meinen Vater in der Rolle des Schürzenjägers zu erleben und habe darunter gelitten.

War Ihr Vater auf Sie eifersüchtig?

Das scheint so gewesen zu sein. Darüber haben sich unsere Bekannten empört. Später schrieb mir ein Freund meiner Eltern in einem Brief: »Ich werde Deinem Vater niemals verzeihen, daß er Dir eine Freundin ausgespannt hat.« Das berührte mich damals allerdings nicht sonderlich, weil mich das Mädchen nicht wirklich interessiert hat. Ich war nur über den Geschmack meines Vaters verwundert.

EIN HUND NAMENS OBERST

Ich habe den Eindruck, daß in Ihrem Vater Begabungen schlummerten, die Sie dann umgesetzt haben …

In einem gewissen Sinn stimmt das. Mein Vater war ein begabter Mann, mit viel Witz – allerdings etwas oberflächlich; meine Mutter hingegen war eine ernsthafte Künstlerin. Auf der Deutschen

Botschaft bat man ihn immer wieder, die Weihnachtsansprache zu halten. Ich kann mich noch genau erinnern, wie er sich in seinem Zimmer für den Abend umzog und dabei mit lauter Stimme seine Rede deklamierte.

Die Ehe meiner Eltern hatte auch ihre komischen Seiten. Während des Krieges war mein Vater häufig im Ausland, und meine Mutter blieb allein in unserem gemieteten Haus in Gloucestershire, in der Nähe einer amerikanischen Luftbasis gelegen. Damals trieben sich viele exotische Gestalten in der Gegend herum. Da sie ganz allein im Haus wohnte, fürchtete sie sich und bat mich, ihr einen Hund zu schenken. Also ging ich in die Tierabteilung von Harrod's und kaufte einen Golden-Retriever-Welpen. Zu der Zeit spielte ich in meinem Stück *Die Liebe der vier Obersten*.

Haben Sie den Hund mit ins Theater genommen?

Fast eine ganze Woche saß er in meiner Garderobe und nagte an allem, was ihm unter die Zähne kam. Während ich auf der Bühne stand, winselte und bellte er unüberhörbar. Niemand konnte ihn beruhigen. Kurz darauf bekam ich Besuch von einer schrulligen Abgesandten des Hundezüchterverbandes. Es war eine Lesbierin in altmodischem Tweedkostüm mit Krawatte und rundem Filzhut. Sie fragte mich: »Hat der Hund denn schon einen Namen?«

»Ja, wegen meines Stückes habe ich ihn ›Oberst‹ genannt«, ließ ich sie wissen.

»Nein, was für eine reizende Idee«, tönte es entzückt zurück, »der kleine Frechdachs wurde ja auch von einem Hund namens Major gezeugt.«

Es dauerte eine ganze Woche, bevor ich Oberst zu meiner Mutter aufs Land bringen konnte.

Wie hat »Oberst« Ihrer Mutter gefallen?

Sie war entzückt über den kleinen Hund. Da sie entweder hinter ihrer Staffelei saß oder sich um den Garten kümmerte, fehlte ihr die Zeit, den Hund abzurichten. Nach einigen Wochen war mein Vater zurückgekehrt, und ich fuhr nach Gloucestershire, um meine Eltern zu besuchen. Als ich ankam, gaben sie gerade eine Cocktailparty. Dazu hatten sie äußerst merkwürdige Leute aus der Nachbarschaft eingeladen, die so gar nicht zu ihnen paßten. Da standen Männer mit buschigen Schnauzern oder gestutzten Schnurrbärten unter ihren eisblauen Augen herum und unterhielten sich unangenehm laut mit farblosen, vertrockneten Frauen über völlig belanglose Dinge. Die Mehrzahl der Gäste litt unter irgendeinem nervösen Tick.

Gott sei Dank verabschiedeten sich die diversen Paare recht bald mit überschwenglichen Dankessalven von meinen Eltern. Als sich unser Wohnzimmer schließlich von all diesen schrecklichen Leuten geleert hatte, half ich meinen Eltern beim Abwasch. Dabei forschte ich meinen Vater aus, warum er so eigenartige Gäste in sein Haus gebeten hatte. Mein Vater teilte mir schroff mit: »Daran bist nur du schuld.«

»Wieso ich? Ich kenne diese Leute doch überhaupt nicht!« wandte ich ein.

»Du hast deiner Mutter diesen verflixten, unerzogenen Hund geschenkt. Als ich aus dem Ausland zurückkam, verordnete mir der Arzt Bewegung. Auf meinen Spaziergängen nahm ich den Köter mit. Er lief mir ständig weg und ich mußte hinter ihm herrufen: ›Oberst, Oberst, Oberst!‹ Jedesmal wurde eine Haustür von einem schnurrbärtigen Mann geöffnet, der fragte: ›Was ist los? Haben Sie mich gerufen?‹«

Auf diese Art hatte mein Vater all diese bizarren Bekanntschaften gemacht.

Peter Ustinov, Sie leben hier auf dem Land in einsamer Gegend. Haben Sie auch einen Hund?

Seit ich als Kind von einem Hund gebissen wurde, fürchtete ich mich vor diesen Tieren. Um mir die Angst vor Hunden abzugewöhnen, schaffte ich mir einen Mastiff an. Das ist ursprünglich eine doggenartige englische Hunderasse, die sich besonders gut als Wachhund eignet. Schließlich hatte ich mich völlig mit meinem Mastiff angefreundet, ängstigte mich aber weiterhin vor allen anderen Hunden. Dann hatte ich einen Hirtenhund, der in diesem Monat gestorben ist. Meine Frau und ich waren darüber so traurig, daß wir keinen neuen Hund mehr haben wollen.

Übrigens spielte ich in dem Film *Der Hund, der Herr Bozzi hieß* einen New Yorker Rechtsanwalt, der zu geizig ist, sich einen Hund zu kaufen und unerwünschte Besucher durch sein eigenes Gebell abwimmelt, bis er sich schließlich selbst in einen Hund verwandelt.

DER KOMPLIZIERTE KLOP

Kehren wir zurück zu Ihrer Familiengeschichte. Das Verhältnis zu Ihrem Vater scheint nicht ganz einfach gewesen zu sein …

Er konnte zu Kindern anderer Leute ganz entzückend sein und sich unendlich geduldig mit ihnen beschäftigen. Aber im Umgang mit mir zeigte er sich völlig unerfahren. Mein Vater Jonah war der älteste von fünf Geschwistern. Sein Vater war bereits siebenundfünfzig Jahre alt, als Jonah in Jaffa zur Welt kam. Mein Großvater Plato Grigorewitsch war ein gebildeter, musikalischer Mann, der alte Sprachen wie Latein, Griechisch, Aramäisch, Hebräisch, Sanskrit und Arabisch beherrschte. Er war aber auch ein Exzentriker, der sich stets weiß kleidete und mit lauter Stimme taktlos seine Meinung sagte. Bei Familienpicknicks pflegte er ungeniert splitternackt am Strand herumzuspazieren.

Vom Alter her hätte er eigentlich Jonahs Großvater sein können …

Das stimmt. An Jonahs zehntem Geburtstag war Plato bereits siebenundsechzigjährig. Jonah war ein schwächliches Kind. Er wurde zwei Monate zu früh geboren und wog gerade tausend Gramm. Sein Vater hielt ihn dadurch am Leben, daß er ihm tropfenweise mit seinem Füllfederhalter, Marke »Waterman«, Milch einflößte. Jonah wuchs in einer kosmopolitischen Atmosphäre auf: mit einem russischen Kindermädchen, arabischen Bediensteten, französischen, englischen, deutschen und russischen Freunden. Er hatte vier jüngere Geschwister, die er unterdrückte und ständig ärgerte. Später habe ich herausgefunden, daß er von keinem seiner Geschwister wirklich gemocht wurde.

Wie kam es, daß Ihr Großvater Plato Grigorewitsch als Russe in Palästina lebte?

Ach, das ist eine lange Geschichte. Als junger Gardeoffizier fiel mein Großvater während eines Manövers vom Pferd und erlitt eine schwere Rückenverletzung. Infolge des Unfalls war er gezwungen, ein ganzes Jahr im Bett zu verbringen. Da es damals weder Fernsehen noch Radio gab und in der tiefsten russischen Provinz auch keine Kammermusik, fehlte jede Ablenkung. Der dicke Wälzer *Krieg und Frieden* wird als Bettlektüre wohl etwas zu schwer gewesen sein.
Plato bekam öfters Besuch von einem Pfarrer namens Metzler aus der deutschen Wolgarepublik. Mein Großvater hat sich in die hübsche Pfarrerstochter Maria verliebt, sie geheiratet und ist zum protestantischen Glauben konvertiert.

War das wirklich eine Bekehrung aus religiösen Gründen?

Dessen bin ich mir nicht so sicher. Nun aber nahmen die Dinge ihren Lauf: Plato Grigorewitsch weigerte sich, als Protestant den Offizierseid auf die russisch-orthodoxe Kirche zu leisten, wurde von Zar Alexander II. aus Rußland verbannt und wanderte nach Württemberg aus. Allerdings durfte er seinen Gutsbesitz verkaufen und den Erlös mitnehmen. Plato hat sein beträchtliches Vermögen nie auf einer Bank deponiert und bei seinen Umzügen in Kisten und Koffern mit transportiert. Bevor er es ausgab, pflegte er es in einer Karbollösung zu desinfizieren.

Mein Großvater wurde im Königreich Württemberg freundlich von Karl I. und seiner russischen Gemahlin Olga Nikolajewna, einer Schwester des Zaren, aufgenommen. Dort wurde er Deutscher und zum Baron von Ustinov gemacht. Daraufhin lebte er kurz in Südfrankreich, in der Schweiz, bis er sich schließlich im Heiligen Land niederließ. Er hat in Palästina ein Krankenhaus und das erste Asyl für geistig Behinderte im Libanon gebaut. Mit den Türken stand er auf gutem Fuß.

Und was ist aus der hübschen Pfarrerstochter Maria Metzler geworden?

Von seiner ersten Frau hat er sich bald getrennt. Die Fama geht, sie sei später mit einem australischen Korvettenkapitän durchgebrannt. Nach dem Zweiten Weltkrieg teilte mir ein australischer Flieger in einem reizenden Brief mit, er sei ihr Enkel – also werden die Gerüchte wohl stimmen. In zweiter Ehe hat Plato mit achtundvierzig Jahren Magdalena Hall geheiratet. Sie war wieder eine Pfarrerstochter, der Vater stammte aus dem schweizerischen Rheinfelden, die Mutter war von portugiesischer und abessinischer Abstammung. Ihre jüngere Schwester war Hofdame bei Haile Selassie.

Wollten Sie auch einmal eine Pfarrerstochter heiraten?

Gott sei Dank hat sich diese Erbanlage unserer Gene erschöpft, und ich habe mich anders orientiert. Ich habe meine Großmutter Magdalena noch gut in Erinnerung. Sie war eine einfache und sentimentale Frau. Bei der Kreuzigungsgeschichte bekam sie immer Weinkrämpfe. Als Gutenachtgeschichte hat sie mir oft unter Tränen von den Schächern auf Golgatha erzählt.

Ging Ihr Vater in Deutschland zur Schule?

Zuerst besuchte er die Deutsche Schule in Jaffa. Mit dreizehn ging er nach Düsseldorf, wo er als bester Schüler ausgezeichnet wurde. Später studierte er in Grenoble. Bei Ausbruch des Ersten Weltkriegs schlossen sich mein Vater und sein Bruder Peter, nach dem ich benannt worden bin, der deutschen Armee an. Im Garderegiment meines Vaters war General Speidel, der spätere NATO-General, Kompaniechef, seine Ordonnanz der bekannte Theaterregisseur Erwin Piscator.

Jonah Ustinov ist in Palästina und in Deutschland aufgewachsen, Nadia Benois in Rußland. Wie haben sich Ihre Eltern eigentlich kennengelernt?

Mit Ausbruch des Ersten Weltkriegs fiel es dem achtzigjährigen Plato Grigorewitsch nach seinem fünfzehnjährigen Jerusalemer Exil auf einmal wieder ein, daß er immer noch Reserveoffizier des russischen Garderegiments war. Er verkaufte seinen Besitz, packte seine bewegliche Habe zusammen, darunter eine wertvolle Sammlung prähistorischer Antiquitäten sowie seinen letzten Koffer mit Geld und fuhr nach London. Dort schulte er seine beiden jüngeren Söhne in Denmark Hill ein.

Zar Nikolaus II. stimmte seinem Gesuch, nach Rußland zurückzukehren, zu. Mit Ausbruch der Russischen Revolution verlor sich die Spur meiner Großeltern und ihrer Tochter Tabitha. Nach dem Krieg schaffte es mein Vater, Vertreter der Deutschen Presse Agentur in Amsterdam zu werden. Im April 1920 machte er sich auf den Weg in Richtung Sowjetunion, um nach seinen verschollenen Familienmitgliedern zu suchen. Jonah brachte in Erfahrung, daß sein Vater im Jahr zuvor an Ruhr gestorben war und seine Mutter und Schwester im 250 Kilometer von Leningrad entfernten Pskov lebten.

In Leningrad lernte er Nadia Benois, meine Mutter, kennen, und die beiden wurden rasch ein Paar. Sie heirateten am 17. Juli 1920 in der protestantischen Katharinenkirche. Mein Vater trug lange weiße Tennishosen und eine Art Blazer, meine Mutter war in das Spitzennachthemd ihrer Großmutter gehüllt. Einige Wochen später verließen die beiden Rußland für immer.

Die Familie Benois hat einige erfolgreiche Künstler hervorgebracht. In der kaiserlichen Residenz Peterhof, in der Nähe von St. Petersburg, befindet sich sogar ein Benois-Museum ...

Mein Großvater, Urgroßvater und Ururgroßvater waren alle Architekten in Rußland. Nikolaus Benois, mein Urgroßvater, war Hofarchitekt und heiratete die Enkeltochter des italienischen Komponisten Catterino Cavos, der in Venedig geboren wurde. Er entstammte der Ehe des Primo Ballerino Assoluto am venezianischen Teatro La Fenice mit der Sopranistin Camilla Baglioni. Ihr Onkel war Tenor und der erste Don Ottavio in *Don Giovanni* unter Mozart in Prag. Sie sehen, es war eine musikalische Familie. Catterino Cavos hatte man einen Posten als Organist in San Marco angeboten, er zog es aber vor, nach Rußland zu gehen. Er wurde der letzte italienische Chef der russisch-kaiserlichen Oper. Als es dem launischen Zaren Paul I. plötzlich einfiel, italienische Opern zu verbieten, fügte sich Cavos und schrieb eben Werke über russische Themen. Sein Sohn Albert wurde Architekt, erbaute das Marinskij-Theater, das man später nach dem ermordeten sowjetischen Politiker Sergej Kirow umbenannt hat. Als 1853 das Bolschoi-Theater von einem großen Feuer heimgesucht wurde, übernahm Cavos die Restauration.
Der bekannteste Benois war Alexander, der Maler, Historiker, Autor und zeitweilige Direktor der Eremitage.
Mein Großvater Louis Benois war ebenfalls Architekt. Sein erster Auftrag war es, an der Stelle, an der Zar Alexander II. Opfer eines Attentats wurde, eine hölzerne Kapelle zu errichten. Über Nacht wurde er zum ersten Präsidenten der Sowjetischen Akademie der Schönen Künste.
Ich finde ständig neue interessante Dinge über diese Familie her-

aus. Übrigens hat mein Sohn Igor auch ein kleines Zimmer mit fünf Skulpturen im Benois-Museum. Dann sind dort auch Bilder meiner Mutter, meine Bücher und Filmkassetten ausgestellt.

EIN HERZOGLICHER ZUCKERBÄCKER

Die Familie Benois stammt ursprünglich wohl aus Frankreich ...

Sie stammt aus dem französischen Städtchen St-Ouen-en Brie. Der erste Benois, der nach Rußland kam, hieß Jules-César und war der Konditor des Herzogs von Montmorency. Als die Französische Revolution ausbrach, mußte er sofort fliehen und konnte nur das Allernotwendigste mitnehmen. Zahnbürste, Seife, Handtuch und dann natürlich seinen Konditor. Ohne einen Zuckerbäcker konnte ein Herzog unmöglich reisen. Also verließ mein lieber Vorfahr Jules-César Frankreich. Ich stelle mir die beiden wie Don Giovanni und Leporello vor.

Erst zog es das Duo nach Den Haag, dann nach St. Petersburg. Als die Bourbonen erneut die Herrschaft übernahmen, kehrte der Herzog nach Frankreich zurück. Jules-César kam als Küchenchef an der holländischen Gesandtschaft zu Ruhm und wurde schließlich »Maître de Bouche« bei Zar Paul I. Er heiratete die Hebamme der Zarin Maria Feodorovna mit dem schönen Namen Concordia Groppe. Unter den siebzehn Kindern, die dem Paar geschenkt wurden, befand sich auch Nikolaus Benois.

ZAR UND ZINNSOLDAT

Zar Paul I. hatte einige merkwürdige Angewohnheiten ...

Unter anderem liebte er es, im Bett mit Zinnsoldaten zu spielen und behandelte lebende Soldaten, als wären sie aus Zinn gegossen. Besonders amüsiert hat mich die Bronzestatue Zar Pauls vor dem Schloß in Pawlosk. Sein Gesicht ist fast wie eine Karikatur.

Seine winzige Nase wirkt wie ein Komma und verleiht ihm einen ebenso stolzen wie beleidigten Gesichtsausdruck. Die Statue ist so gnadenlos treffend wie ein Königsporträt von Goya. Es ist erstaunlich, daß all diese Majestäten so wenig schmeichelhafte Darstellungen ihrer Person zugelassen haben. Das könnte entweder für ihren Mut zur Ehrlichkeit oder für ihren Humor sprechen. Eine befreundete Schauspielerin hat mir zum fünfundsiebzigsten Geburtstag diesen Maria-Theresientaler geschenkt (*holt ihn aus der Tasche*). Können Sie sich vorstellen, daß Maria Theresia nichts dagegen einzuwenden hatte, in so unvorteilhafter Weise dargestellt zu werden? (*lacht*)

DER FLIEGENTÖTER

Haben Sie Ihren Großvater mütterlicherseits, Louis Benois, noch persönlich gekannt?

Er war recht korpulent. Das trug ihm den Spitznamen »Grosgros« ein. Louis Benois war ein gebildeter und warmherziger Mann. Von ihm habe ich einiges gelernt. Als ich sieben Jahre alt war, fuhr meine Mutter mit mir in den Sommerferien zu ihm nach Estland. Für kurze Zeit war das Land damals eine unabhängige Republik. Die Sowjetregierung hatte ihm gestattet, dort seine Ferien zu verbringen. Wie in der russischen Provinz wohnten die Leute in weißgestrichenen Holzhäusern. Unsere Datscha lag mitten im Wald. Ich erinnere mich noch an die zerbrochene Leiter und die schiefe Veranda, von der die Farbe abblätterte. Es roch nach Äpfeln und Pilzen, die in der Scheune getrocknet wurden. Auf dem Tisch standen große offene Töpfe mit selbst zubereitetem Joghurt, umschwirrt von einem Fliegenschwarm.
Mein Großvater erklärte mir in seiner bestimmten, aber ausgeglichenen Art, daß Fliegen Krankheitsüberträger wären, gegen die man sich verteidigen müsse. Er versuchte wenig erfolgreich, mit einer Fliegenklatsche gegen diese Plage anzukämpfen. Als ich das

merkte, nahm ich ihm die Klatsche aus der Hand. Da ich bereits einige Erfahrung mit dem Tennis gesammelt hatte, schlug ich auf die Fliegen wie auf Netzbälle ein und tötete Tausende von ihnen. Er beobachtete mich dabei und nahm mir das Jagdinstrument wieder ab. Ich wandte ein: »Du hast doch gesagt, daß Fliegen der Gesundheit schaden.« Louis Benois antwortete ruhig: »Es ist besser, wir werden alle ein wenig krank, als daß du Gefallen am Töten von Lebewesen empfindest.«

KLEIN-EXZELLENZEN

Ist Ihr Großvater denn nie mit dem kommunistischen Regime in Konflikt geraten?

Louis Benois war sehr anpassungsfähig. Man ließ ihn in Ruhe. Er blieb in Rußland und wanderte nicht wie sein Bruder Alexander nach Frankreich aus. Als er 1928 starb, wurde er von der sowjetischen Regierung mit einem Staatsbegräbnis beigesetzt; bei dieser Feier spielte man das Requiem von Mozart. Ich habe noch ein Foto von ihm, auf dem er friedlich im Auditorium der Akademie aufgebahrt liegt. Seine Studenten übernahmen die Totenwache und trugen den Sarg zum Nowodiewitschi-Friedhof.

Meine Mutter erzählte mir, als sie acht oder neun Jahre alt war, mußten die Diener sie und ihre sechs Geschwister mit »Klein-Exzellenzen« anreden, weil das der Rang ihres Vaters war. Dann wurde Louis Benois zum Äquivalent eines Generalleutnants der Architektur ernannt. Damals waren solche quasi-militärischen Ränge auch für zivile Berufssparten üblich. Von da an waren die Angestellten angehalten, die Kinder als »Klein-Oberexzellenzen« zu titulieren. Diese Geschichte habe ich bei meinem letzten Rußlandbesuch einem erstaunten Publikum zum besten gegeben.

Hat Ihr Großvater Louis Benois außerhalb Rußlands gebaut?

Dazu gehört auch die um 1904 errichtete russische Kapelle in Darmstadt. Nach der Einweihung der Kapelle kehrte er, von der anstrengenden Arbeit ziemlich ermattet, in sein St. Petersburger Haus zurück. Als meine Mutter sah, wie müde ihr Vater war, fragte sie voller Anteilnahme: »Wie ist alles verlaufen? Wie verstehst du dich mit dem Prinzen von Hessen?«
Mein Großvater erwiderte wirsch: »Nicht sehr gut. Er ist auf dem einen Ohr taub, und mit dem anderen versteht er nichts.«

GROSSMÜTTERCHEN CHRUSCHTSCHOW

War Ihre Großmutter mütterlicherseits Russin?

Ja, Großvaters Frau Mascha war ein Ebenbild Chruschtschows. Sie wäre wohl beleidigt, wenn sie mich jetzt reden hörte; aber es stimmt. Sie war von winzig kleiner Statur und ein echter russischer Imperialist. Vor meiner Großmutter durfte man niemals etwas gegen ihr innig geliebtes »Mütterchen Rußland« sagen. Mascha war stolz, acht Kinder zur Welt gebracht zu haben. Wenn ihr diese Leistung in den Sinn kam, dann griff sie sich an die Brüste und sagte: »Alle acht habe ich selbst gestillt.« Als Kind hatte ich für solche Dinge wenig übrig und war stets gepeinigt.

Kindheit, Schule
oder Vom Amilcar zum »Unsterblichen«

Für Ihre Mutter muß es doch ein großes Wagnis gewesen sein, sich für immer von ihren Eltern zu trennen und mit einem Ehemann, den sie kaum kannte, in den Westen auszuwandern …

Zur Zeit der Revolution haben viele Mädchen versucht, Rußland zu verlassen. Meine Mutter fühlte sich schon immer zum Westen hingezogen. Eigentlich war es für sie eine Art Heimkehr. Mein Vater hatte großen Charme. Im Grunde waren beide trotz mancher Stürme unzertrennlich. Sie haben immer wieder zusammengefunden. Als Klop merkte, daß die Leningrader Behörden ihn mißtrauisch beobachten ließen, bereitete er die Flucht vor. Nadia und er verließen als deutsche Kriegsgefangene getarnt das Land. Sie waren unter großen Strapazen mit einem Gefangenentransport in einen unbequemen Waggon gepfercht, bis sie endlich Berlin erreichten. Schließlich kamen sie an ihrem Ziel in Amsterdam an, wo Klop für Wolff's Nachrichtenbüro arbeitete und eine kleine Wohnung besaß. Als mein Vater nach London versetzt wurde, fuhr er voraus, und Nadia sollte nachkommen.

BOVIL

Ihre Mutter ist also mit Ihnen als Ungeborenem ohne jede Begleitung in ihre neue unbekannte Heimat gereist …

Als wir im Hafen von Harwich eintrafen, wurden wir sofort von den britischen Zollbeamten festgenommen. Meine Mutter hatte die Einreiseformulare zu genau ausgefüllt. Als Geburtsort hatte sie St. Petersburg angegeben, als späteren Wohnsitz Petrograd und als Ort ihres letzten Aufenthaltes in Rußland Leningrad. Die britischen Behörden fühlten sich auf den Arm genommen. Kaum hatte man sie freigelassen, als sie einen Zug bestieg und im dichten, schmutzigen Nebel Richtung London fuhr. Sie konnte das Ende dieser Reise kaum erwarten und blickte bei jeder Station ungeduldig aus dem Fenster. Mit Erstaunen stellte sie fest, daß jeder Bahnhof »Bovil« hieß. Sie verwechselte die grellen Reklameschilder des Rindersuppenextraktes mit den Ortsnamen.

Sie sind am 16. April 1921 im Sternzeichen des Widders in London geboren ...

Getauft wurde ich in Schwäbisch Gmünd. Meine fromme Großmutter Magdalena lebte seit ihrer Flucht aus Rußland in Kairo. Es war ihr sehnlichster Wunsch, ihren Enkel mit Jordanwasser taufen zu lassen. Da ich nicht in der Lage war, zum Jordan zu reisen, kam der Jordan zu mir in Form einer alten tönernen Wärmflasche. Mein Vater konnte die lange Reise bis zum Jordan nicht bezahlen, daher schlug er ihr vor, sich auf »halbem Weg«, nämlich in Württemberg, zu treffen. Da meine Großmutter in Geographie nur wenig bewandert war, willigte sie ein. Der alte Pfarrer litt am Tatterich, ließ die Wärmflasche fallen, die in tausend Stücke zerbarst. Das schlammige Jordanwasser versickerte im Mosaik des Kirchenbodens. Ich wurde mit reinstem Remserwasser getauft. Acht Patinnen standen dabei, als ich aus der Taufe gehoben wurde. Unter ihnen einige frühere Flirts meines Vaters. Ich wurde als eine Art Pfand eingesetzt.

ZWISCHEN TRAUM UND WIRKLICHKEIT

Mit oder ohne Jordanwasser, Sie scheinen von Anfang an ein ziemlich einfallsreiches Kind gewesen zu sein. Haben Sie sich damals Ihre eigene Welt erträumt?

Das habe ich, aber es gab auch viele Dinge, die mich ängstigten. Ich malte mir in meiner kindlichen Phantasie alle möglichen furchterregenden Dinge aus. So stellte ich mir vor, daß ich nach meinem Tod in ein großes Zimmer käme. Dort würden alle Tiere, die ich je gegessen hätte, wieder lebendig werden. Zahllose Kühe, Schafe und Schweine warteten auf mich. Wenn ich als Kind Fisch essen mußte, vermied ich es, Wasser zu trinken. Denn mir graute davor, der Fisch könne wieder lebendig werden und wie ein Goldfisch im Glas in meinem Magen herumschwimmen. Vielleicht zeigen diese Träume auch, daß ich mich bereits als Kind instinktiv vegetarisch ernähren wollte. Heute klingt diese Vorstellung amüsant, aber damals habe ich das sehr ernst genommen. Auch neigte ich damals zu einer gewissen Panik. Das hatte sicher mit dem Erwachen meiner Phantasie zu tun. Impfungen oder Halsuntersuchungen waren mir unerträglich. Eines Tages habe ich mir gesagt, diese Alpträume und Zwangsideen müßten jetzt endgültig aufhören. Ich habe mir untersagt zu träumen. Seither träume ich kaum mehr. Nur manchmal in den Morgenstunden, da sehe ich das Ende eines Traumes vor dem Anfang. Oder ich träume, der Wecker würde läuten. Ich will den Wecker nicht hören. Um das zu verhindern, nehme ich das Aufwachen selbst in die Hand.

Kann man wirklich Herr über seine Träume sein?

Man muß irgendwo anfangen. Wir können mit unserem Willen einiges steuern. Ich dachte mir auch ein eigenes Traumland aus. Im ersten Artikel seiner Verfassung stand geschrieben, daß Hühnern nicht der Hals umgedreht werden dürfe.

EINZELKIND

Sie sind ohne Geschwister aufgewachsen. Waren Sie ein typisches Einzelkind?

Das war ich wohl. Einzelkinder entwickeln sich oft rasch, weil sie meist nur mit Erwachsenen zusammen sind und ihre Verhaltensweisen übernehmen. Auf der anderen Seite sind sie aber in gewissem Sinn auch oberflächlich. Wenn ich mich zurück erinnere, dann sehe ich die elterliche Wohnung und einen Abendtisch mit munter plaudernden Gästen. Ich sitze mucksmäuschenstill dabei. Ständig juckt es mich, auch etwas zu sagen. Aber ich weiß, daß es besser ist, meine Gedanken für mich zu behalten. Jedesmal, wenn ich den Mund aufmachte, sagte meine Mutter ärgerlich: »Was, du bist immer noch auf? Ich dachte, du seist schon vor zwei Stunden zu Bett gegangen.«

DER GRÜNE PAPAGEI

Aber Sie lebten nicht ganz allein mit Ihren Eltern, da gab es noch einige recht merkwürdige Kindermädchen …

Da war dieses Fräulein Berta, kohlrabenschwarz und aus Togo stammend. Sie strahlte aber nicht die wärmende Mütterlichkeit aus, die man von einem weiblichen Wesen aus der südlichen Hemisphäre erwartet hätte. Nein, sie brüllte wie ein Gauleiter und war diszipliniert wie ein preußischer Grenadier. Ich mußte die meiste Zeit mit einer feuchten Windel auf dem Kopf in der Ecke stehen. Dabei wurde ich im Kasernenhofton angebrüllt. Als mein Vater sie dabei erwischte, wie sie mich schlug, entließ er sie auf der Stelle. Das war schon eine ganz besondere Mischung, eine Afrikanerin mit einer typisch preußischen Mentalität. Ich habe aufgeatmet, als sie weg war.

Wer wurde Bertas Nachfolgerin?

Die scheue und scheinheilige Irin Miss O'R. Sie erschien im faden grauen Flanellkostüm mit schwarzem Deckel auf dem Kopf, aus dem eine riesige Hutnadel herausragte. Darunter baumelten graue Zöpfe. Auf der Nase saß ein randloser Kneifer. Für jede Gelegenheit hatte sie einen frommen Spruch parat. Auch unter ihrem Regime mußte ich meine Tage meist mit feuchter Wäsche auf dem Kopf in der Ecke verbringen.

Es gehörte zu ihren Pflichten, mich im Kinderwagen durch den nahegelegenen Park zu fahren. Wir kamen nie weit, obwohl wir lange wegblieben. Sie fuhr in eine ärmliche Gegend, verschwand in einer Kellerwohnung und kehrte nach einiger Zeit mit geröteten Wangen und einem Glänzen in den Augen zurück. Damit ich nicht quengelig wurde, stellte ihr hemdsärmeliger Freund einen Käfig mit einem grünen Papagei neben meinen Kinderwagen. Der grüne Ara und ich tauschten Geräusche aus. Ich machte den Papagei nach, und er machte mich nach, wie ich ihn nachmachte. Diese Unterhaltung wurde irgendwann einseitig. Meine Eltern wußten, daß ich gerne Stimmen von Politikern imitierte. Zu meinem Repertoire gehörten: Lloyd George, Hitler, Mussolini und Aristide Briand. Papageientöne waren ihnen aber neu.

Als ich plötzlich begann, wie ein Papagei zu krächzen, waren sie verwundert. In englischen Parks findet sich diese Vogelart so gut wie nie. Meine Mutter wurde immer mißtrauischer, als sie merkte, daß meine Kleidung von Rußteilchen beschmutzt war. Sie spielte einen Prä-Poirot, folgte uns mit einigem Abstand und wartete, bis Miss O'R. wieder mit glückseligem Lächeln aus der Kellerwohnung auftauchte. Im nächsten Augenblick war die Irin ihre Stelle los.

Schließlich tauchte Frieda Heilmann aus Hamburg bei uns auf. Sie konnte zwar kaum lesen und schreiben, entpuppte sich aber bald als gefeierte Köchin. In ihrer freien Zeit versuchte sie sich als Malerin oder saß meiner Mutter Modell.

Sie haben aber nicht nur Papageien und Politiker nachgemacht.
Eine Ihrer Glanznummern war schon damals die Imitation von Mo-
ṭorengeräuschen. Was verkörpern Autos für Sie?

Ach, wissen Sie, im Grunde war ich traurig, als ich mein erstes
Auto kaufte. Nun konnte ich selbst kein Auto mehr sein. Ich war
damals schon einundzwanzig Jahre alt und fuhr ohne gültigen
Führerschein. Alle Fahrprüfer waren in der Armee. Eigentlich
habe ich die meisten Dinge, die ich tue, nicht gelernt. Meine Auto-
liebe ließ mich selbst zu einem Auto werden. Für lange Zeit verwandelte ich mich in einen zierlichen Amilcar. Da ich ständig wegen meiner dicklichen Figur gehänselt worden bin, habe ich wohl
aus Kompensation gerade dieses federleichte Gefährt gewählt.
Es gab Zeiten, da ließ ich den Motor von morgens bis abends laufen. Mein Vater beunruhigte sich über mich, weil ich nie sprach.
Er fürchtete schon, in meinem Oberstübchen würde etwas nicht
stimmen. Da wurde ich eines Tages krank und mußte das Bett
hüten. Daraufhin parkte ich den Amilcar in einer imaginären Ga-
rage. Nun war das Auto untergebracht, und ich konnte reden.
Psychologen würden mein Verhalten sicher als Realitätsflucht be-
zeichnen.
Meine Eltern waren Bohemiens und interessierten sich überhaupt nicht für moderne Errungenschaften. Sie hatten auch kein
Radio. Ihr erstes Rundfunkgerät habe ich ihnen geschenkt, als ich
schon vierzig Jahre alt war. Für meine Eltern war ich ein ausge-
wiesener Automobilfachmann. Ich konnte Automarken nicht nur
am Brummen ihres Motors erkennen, sondern ich war auch
fähig, die typischen Geräusche für jede Bauart zu imitieren: das
Bremsen oder Kuppeln, das Quietschen der Reifen oder verschiedene Huptöne.

Peter Ustinov, mit Ihrem Imitationstalent erinnern Sie mich an einen Beo, an eine indische Singdrossel. Mit seiner erstaunlichen Sprachbegabung ist dieser Vogel nicht nur in der Lage, die menschliche Sprache deutlich nachzumachen, sondern fast jede Art von Geräusch. Man sagt, die Beos imitierten in Indien den Verkehrslärm so täuschend echt, daß der Eindruck entstünde, noch schlafende Städte seien bereits wieder zum Leben erwacht ...

Eigentlich wäre ich lieber kein Vogel, sondern ein Bär, der die Wintermonate durchschlafen kann. Vor allem, weil ich heute kein Auto mehr bin.

Für einen schlaftrunkenen Bären haben Sie doch einen ziemlich großen Schaffensdrang ...

Vielleicht habe ich nur soviel Energie, weil mich die Dinge, die ich tue, wirklich interessieren. Wenn mich etwas nicht interessiert, dann läßt meine Energie recht schnell nach. Schaue ich mir ein Golfturnier an, dann langweile ich mich und schlafe auf der Stelle ein. Ich bin überhaupt fähig, in fast allen Lebenslagen zu schlafen. Besonders, wenn Wagnermusik erklingt, schlafe ich sofort ein. Ich erinnere mich, daß ich einmal ganz bewußt versucht habe, diese Angewohnheit loszuwerden. Um mich fit zu machen, spielte ich morgens Tennis, machte einen ausgiebigen Nachmittagsschlaf und ging voller Erwartung in die Münchner Oper. Ich wachte erst wieder auf, als nach der Pause die Leute über meine Beine kletterten, um erneut ihre Plätze einzunehmen. Der Wagnerschlaf scheint in unserer Familie zu liegen. Schon meinem Großvater mütterlicherseits, Louis Benois, ist es ähnlich ergangen. Immer wenn er an Schlafstörungen litt, besuchte er, mit Thermosflasche und Sandwiches ausgestattet, in unserer Familienloge im Kirowtheater eine Wagneraufführung. Dann zog er die Vorhänge zu, schlief sich richtig aus und kehrte erfrischt nach Hause zurück.

Es steht schon in der Bibel: »Der Herr gibt es den Seinen im Schlafe.«
Sie können aber auch sehr konzentriert arbeiten ...

Mit meiner Konzentrationsfähigkeit komme ich ganz gut zurecht.
Allerdings schlafe ich beim Fernsehen meistens ein, auch bei in-
teressanten Programmen. Dieses Gerät erzeugt eine Geräusch-
kulisse, die mich schläfrig macht. Aber wenn ich hier nachts in
meinem ruhigen Haus im dunklen Zimmer liege, ist es schon
schwieriger, Schlaf zu finden. Ich lausche dann in die Stille.

MR. GIBBS SCHULE

Als Sie aufhörten ein Auto zu sein, wurden Sie in die Londoner
Mr. Gibbs Prepatory School geschickt, eine Art Eliteschule. Wie ha-
ben Sie sich dort gefühlt?

In dieser Schule wurden vor allem Diplomaten ausgebildet. Das
englische Erziehungssystem scheint mir das Beste auf der Welt zu
sein, wenn man es überlebt. Wer es nicht überlebt, dem bleibt nur
mehr das diplomatische Corps übrig. Ich trug eine rote Mütze
und einen gleichfarbenen Pullover. Um das Schulgeld bezahlen zu
können, zogen meine Eltern in eine billigere Wohnung in einem
hohen viktorianischen Gebäude.

Können Sie sich noch an Mr. Gibbs erinnern?

Wenn er mich sah, intonierte er mit hoher Tenorstimme: »Herrje,
Uusti-Wuusti kann seine Schuhbänder nicht binden ... Komm
her, Kleiner, Mr. Gibbs wird ihm dabei behilflich sein. Setz dich,
mein Dickerchen.« In dieser Schule lernte ich zu überleben, indem ich meine tolpatschigen und komischen Seiten übertrieb.
Beim Fußballspiel wurde ich ins Tor gestellt, weil bei meiner mas-
sigen Figur wenig Platz für den Ball blieb. Als große Zielscheibe
war ich körperlich etwas zimperlich. Ich brachte meine Mit-

schüler zum Lachen, das war bestimmt ein Verteidigungsmechanismus.

An der Wand unseres Klassenzimmers hing ein großer Kunstdruck mit dem Titel *Der Eid des Pfadfinders*. Darauf war Jesus abgebildet, der an einer Hand einen Pfadfinder hielt und mit der anderen auf eine Weltkarte wies, auf der das britische Empire in überirdischem Licht erstrahlte. Mit seinem Gesichtsausdruck zeigte Jesus deutlich, daß er auf seiten Englands stand.

ERSTE THEATERSTÜCKE

Wie waren Ihre schulischen Leistungen? Waren Sie ein guter Schüler?

Das war von Fach zu Fach verschieden. Latein war allerdings nicht meine Stärke. Um dem anödenden Schulalltag zu entgehen, zog ich mich in meine Phantasie zurück. Schon früh schrieb ich kleine Stückchen, die unter anderem von schrecklichen Verbrechern aus Chikago handelten, die auf dem Land, in der Nähe Londons, ihr Unwesen trieben. Auf jeder Seite gab es vier bis fünf Tote.

VON USTINOV, EIN DEUTSCHER

Damals hießen Sie »von Ustinov«, und jeder wußte um Ihre deutsche Abstammung. Sind Sie deswegen von Ihren Mitschülern gehänselt worden?

Wenn meine Mitschüler mich ärgern wollten, machten sie mich persönlich für die Niederlage des Ersten Weltkriegs verantwortlich. Wenn Sie nett sein wollten, lobten sie die Hygiene der deutschen Schützengräben; sie sei viel besser gewesen als in den völlig verdreckten Gräben der Franzosen, hieß es. Das hatten sie von ihren Vätern gehört. Da meine Mutter französischer Herkunft war, fand ich diese Bemerkung nicht sonderlich taktvoll. Als Caracciolas weißer Mercedes mit Kompressormotor als erster ins Ziel ging, wurde ich beglückwünscht. Siegten die englischen grünen Bentleys, hieß es: »Dumme Sache, von Ustinov.«

DER SCHWEINSKOPF

Haben Sie bei Mr. Gibbs auch in Schulaufführungen mitgewirkt?

Meinen allerersten Auftritt auf der Bühne hatte ich als Schwein. Ich weiß nicht, wie das Stück hieß. Aber ich kann mich noch genau erinnern, daß ich einen Schweinskopf trug. Niemand sollte daran zweifeln, daß ich ein Schwein verkörperte. Die Leiterin unseres Theaterkurses fand, mein schauspielerisches Talent sei begrenzt. In meinem Zeugnis stand, daß meine Darstellung eines Schweines nur ausreichend gewesen sei. Während meiner langen Laufbahn als Schauspieler habe ich nie wieder eine so vernichtende Kritik bekommen. Bald darauf stellte ich in einem Stück eine Nymphe dar. Ich war die dritte von links, die Odysseus an den ägäischen Strand locken sollte, trug blonde Zöpfe und sang zu tief. Odysseus ließ sich von solchen merkwürdigen Wesen nicht betören und segelte vorüber.

EIN REICHER MANN OHNE GELD

Sie sagten, Ihre Eltern hätten damals nur wenig Geld besessen …

Mein Vater war nicht nur arm, sondern, was viel gefährlicher ist, er war ein reicher Mann ohne Geld. Klop liebte es, Gäste nach Hause einzuladen. Um sie gebührend zu bewirten, gab er häufig ein wenig mehr als sein Monatsgehalt aus. Nicht selten ging er mit leerem Portemonnaie zum Einkaufen. Er hatte überhaupt kein Empfinden für den Wert des Geldes. Mir geht es ähnlich. Ich werde erst geldbewußt, wenn sich meine Finanzen verknappen. Sonst denke ich nie ans Geld.

Eines Tages erklärte mir mein Vater in einem Anfall von Großmut, mir stünde von nun an ein wöchentliches Taschengeld von einem Shilling zu. Zu meiner großen Freude drückte er mir den ersten Shilling gleich in die Hand. Doch dabei blieb es. Ich habe nie wieder auch nur einen einzigen Penny Taschengeld von ihm bekommen.

Fühlten Sie sich während Ihrer Schulzeit gegenüber Kindern aus wohlhabenderen Familien benachteiligt?

Die Schule ließ mich das nie merken. Ich hatte nämlich den Verdacht, daß mein Schulgeld nicht regelmäßig bezahlt wurde. Mein Vater verließ nach einigen Jahren Wolff's Telegraphisches Büro. Er war bis zur Machtübernahme der Nazis Presseattaché der deutschen Botschaft am Belgrave Square. Übrigens habe ich vor kurzem einen meiner reichen Mitschüler wieder getroffen, Senator Cleyborne Pell aus Rhode Island. Er ist zwei Jahre älter als ich und zieht sich gerade als Senior Member aus dem US-Senat zurück.

Wir aßen gemeinsam im Speisezimmer der Senatoren. Cleyborne Pell wollte von mir wissen: »Peter, wir haben nun ein gewisses Alter erreicht. Leidest du auch gelegentlich unter Gedächtnisschwund?«

Ich bemerkte: »Das kann ich mir in meinem Beruf als Schauspieler unter keinen Umständen erlauben. Stell dir vor, ich würde mit einem Notizblock auf der Bühne mein Gedächtnis unterstützen. Was ich dir aber sagen wollte – neulich habe ich erst wieder daran gedacht. Als ich sieben und du neun Jahre alt warst, fuhren wir beide in eurem Hispano Suiza mit einem Chauffeur durch London. Ich war sehr beeindruckt, bis auf ein Detail. Die Kissen waren gerade in der Reinigung, und wir mußten auf den harten Holzrahmen sitzen.«

Der Senator stammelte nur: »Mein Gott …«

DER KÜRZESTE ROMAN ALLER ZEITEN

Womit hat Ihr Vater dann sein Geld verdient, nachdem er Wolff's Telegraphenbüro verlassen hatte?

Mein Vater hatte kein regelmäßiges Einkommen mehr. Seine Karriere als Kunstkritiker scheiterte an seinem Unverständnis für die moderne Kunst. Als Buchhalter war er nicht erfolgreicher. Klop wußte nicht genau, welche Zahl in welche Spalte gehörte. Schließlich versuchte er sich als Romanautor. Er schrieb die kürzesten Romane aller Zeiten, keiner war länger als eine Seite. Diese Werke las er dann wochenlang den vielen abendlichen Gästen vor. Wenn er davon genug hatte, begann er einen neuen Roman.

EIN CHAUFFEURSRENNEN

Bei Ihrer großen Liebe für Autos schmerzte es Sie sicher, daß Ihre Familie kein Auto besaß ...

Tja, bei einem Sommerfest meiner Schule hätte ich aber einen Chauffeur brauchen können. Vor den Sommerferien fand das jährliche Sportfest mit diversen Rennen statt, an denen sich auch die Erwachsenen beteiligen sollten. Da gab es ein Väter-, ein Mütter- und sogar ein Chauffeursrennen. Mein Vater weigerte sich, am Väterlauf teilzunehmen. Da er ein Monokel trug, hatte er sich folgende Ausrede ausgedacht: »Falls ich mich entschließen sollte, am Rennen teilzunehmen, würde ich natürlich gewinnen. Ich war der schnellste Sprinter meiner Schule. Dann aber wird mir mein Monokel aus dem Auge fallen und von den Vätern, die um den zweiten Platz kämpfen, zertreten werden. Also werde ich auf den Lauf verzichten.« Diese Worte meines Vaters enttäuschten mich zutiefst. Meine Mutter und ich, wir wußten beide, daß sein Monokel etwas mit seiner Eitelkeit zu tun hatte. Je nach Laune trug er es auf dem einen oder auf dem anderen Auge.

Was tat Ihre Mutter?

Als meine Mutter merkte, wie geknickt ich war, meldete sie sich freiwillig zum Mütterlauf. Das bedaure ich noch heute. Die ersten Meter lief sie noch ganz leidlich, dann aber mußte sie so über sich selbst lachen, daß sie kaum mehr vom Fleck kam. Sie war noch auf der Piste, als das nächste Rennen gestartet wurde. Auch diese Läufer haben sie alle überholt. Als letztes stand besagtes Rennen für Chauffeure auf dem Programm. Mein bester Freund, der Sohn eines reichen Bankiers, hatte zwei Chauffeure. Er bot sich an, mir den langsameren von beiden zu leihen. Mein Stolz war schon zu verletzt, um dieses großzügige Angebot anzunehmen.

Wo haben Sie Ihre Sommerferien verbracht?

In Frankreich und auch in Deutschland. Meine Mutter fuhr im Sommer häufig nach Südfrankreich, um zu malen. Frieda und ich begleiteten sie. Da mir nichts Besseres einfiel, stellte ich mich in der großen Sommerhitze auch hinter die Staffelei. Unbewußt muß ich mich nach dem kalten Wetter in London gesehnt haben, denn ich malte statt der lieblichen provençalischen Landschaft ein Bild vom Winterschlußverkauf bei Harrod's.
Dann fuhren wir nach Berlin. Nach dem Tod meines Großvaters erlaubten die sowjetischen Behörden seiner Witwe auszureisen. Sie zog zu ihrer Tochter Olga, die als Röntgenspezialistin an einem Berliner Krankenhaus arbeitete. Die beiden haben wir im Jahr 1933 besucht. Ich war damals zwölf Jahre alt.

DEUTSCHLAND 1933

Wie haben Sie die Stimmung 1933 in Berlin empfunden?

Immer noch sehe ich die vielen Lastwagen vor mir, auf denen abstoßende Männergestalten wie die Ölsardinen aneinander gepreßt standen. Sie brüllten: »Deutschland erwache, Deutschland erwache, erwache.« Die Atmosphäre war widerwärtig. Durch ein Erlebnis an der deutschen Grenze konnte ich bereits als Kind merken, welche abnormalen Zustände in diesem Land damals herrschten. Aus London brachte ich eine Haselnußtorte mit, die Frieda für meine Großmutter gebacken hatte. Als die Zöllner den Kuchenkarton entdeckten, bearbeiteten sie die Torte mit einem Messer und steckten ihre Finger in die Sahne. Sie meinten wohl, es sei typisch für den Feind, sich für Botengänge eines Kindes mit Kuchen zu bedienen. Auch unter meinen Spielkameraden gab es überzeugte Nazis, die Schlagwörter wie »Reinheit der Rasse« von sich gaben. Übrigens habe ich auch den Reichstag brennen sehen ...

Später haben Sie van der Lubbe im Kino dargestellt, den die Nazis für den Reichstagsbrand verantwortlich gemacht haben ...

Das war in dem halbdokumentarischen Film *Après »Mein Kampf«, mes crimes.* Mit der Rolle des schwachsinnigen Holländers van der Lubbe begann meine Filmkarriere. Ich trug Ketten, hatte eine Wachsnase und ein Furunkel an der Backe. Mein Gesichtsausdruck mußte teilnahmslos und schuldbewußt zugleich wirken. Als der Film herauskam, war ich auf einem riesigen Plakat vor dem Kino neben dem Londoner Cumberland als van der Lubbe abgebildet.

Wie schätzte man in Ihrer Londoner Schule die Lage in Deutschland ein?

In dieser behüteten Welt war man ziemlich ahnungslos. Auch in England gab es Sympathisanten Hitlers. Mein Vater kannte den nazifreundlichen Sir Robert Jones, den Chef von Reuter's. Ihre beiden Büros lagen im selben Gebäude. Jones lud uns zu sich nach Brighton ein. Ich durfte meine Eltern nur unter der Bedingung begleiten, mich mucksmäuschenstill zu verhalten. Sie hatten nämlich schon erlebt, daß ich in bestimmten Situationen unkontrollierbare Lachanfälle bekam. Außer uns war noch ein hoher Nazi namens Raumer geladen. Seine Berliner Wohnung lag in der Xantnerstraße. Da der Straßenname mit einem X beginnt, habe ich ihn nie wieder vergessen.

Herr Raumer sprach Englisch mit verhängnisvollen Fehlern. Er schwärmte von den pünktlichen deutschen Zügen, von den neuen Autobahnen und pries den technischen Fortschritt: »Wir haben auch unglaubliche Sicherheitssysteme. Ich muß auf meinem Schreibtisch nur auf ...« – er wollte sagen »meinen Knopf, *button*, drücken«, sagte aber statt dessen »*bottom*, Hinterteil« – »... mein Hinterteil drücken, und augenblicklich stürzen vier Polizisten ins Zimmer.« Das war zuviel für mich. Ich flog hinaus und mußte auf meine Eltern bis zum Abschluß unseres Besuches im Garten warten.

BERLIN ODER BONN?

Sie haben im letzten Jahr Ihren fünfundsiebzigsten Geburtstag in Berlin gefeiert. Haben Sie das Berlin Ihrer Kindertage wiedererkannt?

Ich habe den Stadtteil Zehlendorf um die U-Bahnstation Onkel Toms Hütte herum wiedergesehen, aber dort hat sich alles völlig verändert. Apropos, ich bin dagegen, daß Berlin wieder Hauptstadt wird. Auch wenn mir die politischen Gründe einleuchten, bleibt Bonn die ideale Hauptstadt. Im Grunde sollten alle Hauptstädte wie Bonn sein.

FRÜHREIFE BISCHÖFE

Mit dreizehn kamen Sie dann in die ehrwürdige Westminster School, die bereits Lord Byron besucht hatte ...

Eigentlich hat man mir in Westminster nicht viel beigebracht, außer, daß ich dort gelernt habe, wie man lernt. Als ich am 20. September 1934 zum ersten Mal dieses ehrwürdige Gebäude aus dem 14. Jahrhundert betrat, war ich wie ein Leichenbestatter gekleidet: Ich trug vorschriftsmäßig einen Zylinder, einen Frack, eine gestreifte Hose und einen gestärkten weißen Kragen, der recht schmutzig war durch die vielen Versuche, den Kragenknopf zu schließen. Um den Hals hing eine schief geknotete Krawatte.

Dazu mußte ich stets einen gefalteten Regenschirm mit mir tragen. Das war für die Schüler Westminsters vorgeschrieben, damit man sie nicht mit den Londoner Bankboten verwechselte. Die Boten waren gleich gekleidet wie wir, aber ohne die Regenschirme. Da es sich bei den meisten Bankboten um Herren in fortgeschrittenem Alter handelte, hätte man einer eventuellen Verwechslung auch leicht mittels anderer Methoden vorbeugen können.

Den Schirm habe ich niemals benutzt, selbst beim größten Unwetter nicht. Ich wäre unfähig gewesen, ihn jemals wieder vorschriftsgemäß zusammenzufalten. Die merkwürdig gekleideten Schüler, die um die Kathedrale und das Parlament zwischen den zahllosen kirchlichen Herren herumspazierten, sahen aus wie frühreife Bischöfe mit viel zu großen Regenschirmen.

Ideale Bedingungen zum Lernen gab es in dieser schwülstigen Atmosphäre nicht.

Sie sind auch ohne Studium ganz gut zurechtgekommen ...

Nachdem ich Westminster verlassen hatte, konnte ich mich mit Dingen beschäftigen, die mich wirklich interessierten. Oft sind es die Lehrer, die einem ein Fach vergraulen. Das Lernen beginnt mit der Geburt und endet mit dem Tod oder nicht einmal dann, wenn man an ein Weiterleben glaubt.

Ich habe das Gefühl, heute jeden Tag mehr zu lernen als jemals in der Schule. Jetzt lese ich viele Dinge, die mich in der Schule gelangweilt haben. Zum Beispiel schmökere ich abends manchmal in Büchern über Chemie oder Physik. Ich studiere sogar die chemische Formel meiner Zahnpasta. Das ist auch eine Form, sich zu bilden. Man kann dann die Substanzen der eigenen Zahnpasta mit denen anderer Leute vergleichen. Auf diese Weise wird man mühelos zum Zahnpastaexperten. Ich beschäftige mich nur mit Dingen, die mich interessieren. Das läßt mich an Rossinis Bemerkung über Wagner denken. Rossini sagte: »Man kann sich an *Lohengrin* nur erfreuen, wenn man ihn zweimal hört. Mir allerdings fehlt jedes Interesse, ihn nochmals zu hören.«

DAS BOOT SINKT

Die englischen Schulen sind bekannt dafür, daß sehr viel Sport getrieben wird. Waren Sie ein sportlicher Schüler?

Das kam auf die Sportart an. In Westminster hatte ich mich für Tennis angemeldet. Da es aber nicht genügend Tennisplätze gab, mußte ich rudern, was ich überhaupt nicht ausstehen konnte. Mir mißfiel es, im zugigen Ruderboot zu sitzen, um schwitzend unter enormem Energieaufwand in die falsche Richtung zu gelangen.
Bei einem Freundschaftsrennen rächte ich mich, ohne es zu wollen, an meinen Peinigern. Ich mußte in einem Achter mitrudern. Da ich bereits dick geboren wurde – eine Familieneigenschaft –, war ich zu schwer für das dünnwandige Boot. Mit meinem Gewicht durchbrach ich den Bootsboden und versenkte den Kahn in der Themse. Diese Havarie beobachteten Matrosen auf einem holländischen Dampfer. Doch statt die Schiffbrüchigen zu retten, veranstalteten sie ein Wettspucken auf uns. Nach diesem Vorfall ließ man mich endlich Tennis spielen. Dabei erwies ich mich als erstaunlich flink. Wenn mir der Grund einleuchtet, warum ich mich schnell bewegen soll, dann kann ich es.

Ihre beiden Schulen wurden nur von Buben besucht. War es da nicht schwierig, mit Mädchen in Kontakt zu kommen?

Diese Trennung der Geschlechter ist eine Art Apartheid. Sie hat in England schon viel zu lange gedauert. Das hat zur Folge, daß manche englischen Männer ihr Leben lang keine Mädchen kennenlernen. Man muß nur in der Zeitung lesen, welche Folgen das hat. Ich traf mit Mädchen erstmals in der Schauspielschule zusammen. Da waren die Knaben in der Minderzahl.

RIBBENTROPS »BEWAFFNETE STÄRKE«

Unter den Schülern in Westminster war doch auch Rudolf Ribbentrop, der Sohn des deutschen Botschafters und späteren Außenministers Joachim von Ribbentrop ...

Rudolf kam nur nach Westminster, weil Eaton sich geweigert hatte, ihn aufzunehmen. Die Eltern hatten bereits einen Zylinderhut gekauft. Also mußte etwas mit dem Zylinder geschehen. Unsere Schule war die einzige neben Eaton, in der man diese Kopfbedeckung trug. Der junge Ribbentrop war sehr groß für sein Alter, hatte Sommersprossen und eine kleine, beleidigte, typisch deutsche Stimme. Er war ein guter Schüler und völlig harmlos. Nach dem Krieg, während der Entnazifizierung, schienen ihn schwere Zeiten zu erwarten. Man steckte ihn ins Gefängnis, weil er bei der Sepp-Dietrich-SS-Leibstandarte gewesen war. Aber auch aufgrund der Intervention von Westminster kam er bald wieder frei.

Hat Rudolf Ribbentrop Sie nicht zu Ihrem ersten Zeitungsartikel inspiriert?

Als die Schule einen Malwettbewerb veranstaltete, stellte der junge Ribbentrop ein schauerliches Triptychon aus. Er hatte drei Wagnerfiguren, mit gehörnten Helmen und Metallbrüsten vor einem Zelt bei Sonnenaufgang stehend, in grellen Farben auf die Leinwand gebannt. Etwas Ähnliches hatte er wohl in Bayreuth gesehen. Das Bild war in gotischer Schrift mit *Bewaffnete Stärke* betitelt. Dieses Gemälde regte mich zu einem Artikel an. Ich beschrieb es, wie es war, ohne Übertreibung. Das war sarkastisch genug. Der »Evening Standard« schickte mir als Honorar ein Pfund. Das war mein erstes selbstverdientes Geld!

Wie waren die Reaktionen der deutschen Botschaft?

Die deutsche Botschaft reagierte empört. Die Schule wurde aufgefordert, nach dem Übeltäter zu fahnden. Da man meinte, mein Vater sei immer noch beim deutschen Auswärtigen Amt angestellt, wandte man sich vertraulich an mich. Doch mein Vater war in der Zwischenzeit britischer Staatsbürger geworden. Der zuständige Lehrer Mr. Bonhote hoffte, mein Vater könne der Schule behilflich sein, den anonymen Schreiber zu überführen. Mr. Bonhote sagte leicht seufzend zu mir: »Ich kann mir nicht helfen, aber ich glaube, der Verfasser dieses Artikels wird es im Leben noch weit bringen. Verdammt clever geschrieben.« Ich meinte geflissentlich: »Dennoch sollte man niemanden zu so etwas ermutigen. Finden Sie nicht auch, Sir?« Er erwiderte augenzwinkernd: »Sicher nicht, aber einige Leute brauchen erst gar nicht ermutigt zu werden.«

Welch hellsichtige Worte. Sie haben es auch ohne Westminster zu akademischen Ehren gebracht und verschiedene Ehrendoktortitel in Musik, Kunst, Literatur und den Rechtswissenschaften von amerikanischen, britischen und kanadischen Universitäten verliehen bekommen. 1968 wurden Sie zum Rektor der Universität von Dundee in Schottland gewählt ...

Bei meiner Amtseinführung war auch die Königinmutter zugegen. Die Studenten bewarfen den königlichen Gast mit Klopapierrollen. Es ist mir unvergeßlich, mit welcher Würde Königin Mary die Rollen aufhob, als seien sie an der falschen Adresse gelandet.

Eines Tages schrieb mir ein verzweifelter Vater einen Brief und bat mich, mit seinem mißratenen Sohn milde umzugehen. Den Umschlag hatte er an den »Herrn Rectum« (Mastdarm) der Universität von Dundee adressiert. Wenn ich hin und wieder von Selbstzweifeln geplagt wurde, hat mich diese Titulierung wieder aufgerichtet.

Mit den Studenten umzugehen, machte mir großen Spaß und war eine echte Herausforderung. Die Universität von Dundee ist eine beeindruckende Institution. Zunächst dachte ich mir, auch in meinem Alter müsse ich mir die Mühe machen und mich den Studenten anpassen. Doch ich besann mich eines Besseren. Sonst hätte ich mich wie ein fluchender Militärpfarrer aufgeführt, der meint, durch seine sprachlichen Entgleisungen könne er sich mit den Soldaten solidarisieren.

Die Jugend will, daß sich Erwachsene ihrem Alter entsprechend betragen. Durch meine eigenen Kinder lernte ich, daß ein Teil der Elternschaft darin besteht, ein Knochen zu sein, an dem die jungen Hunde ihre Zähne schärfen können. Manchmal ist das außerordentlich unangenehm, aber es ist Aufgabe der Eltern, ob es ihnen paßt oder nicht.

KANZLER VON DURHAM

Und 1992 wurden Sie gebeten, in der Nachfolge der verstorbenen Margot Fonteyn der zehnte Kanzler der Universität von Durham zu werden …

Da ich nicht die nötigen akademischen Prüfungen hatte, blieb mir nichts anderes übrig, als ganz oben einzusteigen. Ich sagte während meiner Antrittsrede in der Kathedrale von Durham, in einen schwarzgoldenen Talar gehüllt und einen goldbetreßten Doktorhut auf dem Kopf: »Als Schauspieler bin ich es ja gewöhnt, Kleider zu tragen, die mir nicht gehören. Aber ich bin nicht gewöhnt, Kanzler einer Universität zu sein, da ich über keine akademischen Qualifikationen verfüge.«

In dem wuchtigen sakralen Bau aus dem 11. Jahrhundert saßen die Professoren in ihren Talaren und blickten mich verwundert an. Aber nun war es bereits zu spät.

In Ihrer Eigenschaft als Kanzler haben Sie dem ehemaligen deutschen Außenminister die Ehrendoktorwürde verliehen ...

Hans-Dietrich Genscher war ebenfalls in diese mittelalterliche Verkleidung geschlüpft. Ein Anblick, den ich niemals vergessen werde. Seine abstehenden Ohren, die nicht nur in Deutschland bewundert werden, und der ehrwürdige Doktorhut konnten sich nicht miteinander anfreunden. Der Hut saß ihm ständig schief auf dem Kopf. Ich konnte kaum ernst bleiben. Doch ich übte in meiner Verkleidung eine ähnliche erheiternde Wirkung auf Genscher aus. Es ist mir heute noch ein Rätsel, wie es uns beiden gelang, die Zeremonie ohne Lachanfälle zu überstehen.

Ich hatte auch die große Freude, Alexander Jakowlew einen Ehrendoktor zu verleihen.

Alexander Jakowlew war doch ein ehemaliger Berater Gorbatschows ...

Jakowlew ist ein kultivierter und offener Mann. Er war als wichtige graue Eminenz Rußlands Direktor aller Fernsehstationen und Mitglied der Akademie der Wissenschaften. Das ist eine Leistung, wenn man bedenkt, daß seine Mutter Analphabetin war. Als er nach Durham kam, war die Denkweise des gut ausgebildeten Apparatschik immer noch spürbar. Während eines abendlichen Empfangs blickte ich durch das Fenster und rief entzückt aus: »Schauen Sie doch, wie wunderbar sich die mittelalterliche Kathedrale und das Schloß im Abendlicht ausnehmen. Ist das nicht ein herrliches Bild?«

Jakowlew würdigte das Panorama keines Blickes und meinte nüchtern: »Das Schloß und die Kathedrale stehen erst morgen auf dem Programm.«

Am nächsten Tag regnete es.

Gab es Kontakte zwischen den englischen Studenten von Durham und russischen Studenten?

Eines Tages war ich gerade dabei abzureisen, als mich der Vorsitzende des Russischen Clubs in Durham sprechen wollte. Er teilte mir mit, Durham sei die Schwestergemeinde von Kostroma, einem Ort nordöstlich von Moskau, in dem es eine wunderbare Abtei aus dem 12. Jahrhundert gibt. Sie seien in den Ferien dort gewesen und hätten angeboten, die Abtei zu restaurieren. Der Abt war erfreut, wies aber darauf hin, daß sie für alle Unkosten selbst aufkommen müßten.

Die Studenten organisierten das nötige Material, ein Fachmann für mittelalterliche Architektur war mit von der Partie. Alles war in die Wege geleitet worden, nun drohte das ganze Unternehmen zu scheitern, weil man ihnen die Visa verweigerte. Ich rief beim russischen Konsulat kurz vor Büroschluß an. Man gab mir unter leichtem Protest die Telefonnummer des Kulturattachés. Zunächst war auch er ungehalten, aber mein Name muß ihn irgendwie beeindruckt haben, denn plötzlich klang er hilfsbereit: »Kein Visum? Was für ein Skandal ...« Da ich abreisen mußte, übergab ich dem Studenten das Telefon.

Lange Zeit wußte ich nicht, wie die Geschichte weitergegangen war. Plötzlich erhielt ich eine Postkarte mit einer kitschigen Abbildung der Abtei. Die Studenten ließen mich wissen: »Wir haben die Restaurierung der Abtei beendet. Danke für Ihre Hilfe. Durch die Menschen hier haben wir erfahren, wieviel wir noch lernen müssen.«

Wer kann da noch von einer gelangweilten und egoistischen Jugend sprechen.

Ist Durham nicht eine Schwesteruniversität von Tübingen?

Ja, das stimmt. Im letzten Juni habe ich an der Universität in Tübingen über *Rhetorik und Unterhaltung* gesprochen. In dem Vortragssaal hatten sich tausendfünfhundert Studenten eingefunden. Sie saßen sogar auf dem Fußboden und hinter meinem Podium. In einem Nebenraum hörten über Lautsprecher nochmals tausendfünfhundert zu. Ich sagte zu den Zuhören, seit *Quo vadis?* hätte ich nie mehr eine so große Menschenansammlung gesehen. »Gott sei Dank sitzen so viele Menschen auf dem Boden, daß kein Platz mehr für Löwen ist«, fügte ich hinzu.
Bei meiner Rede sprach ich davon, daß heute die Kultur immer mehr an den Rand gedrängt wird. Wenn man an die Epochen der Ägypter oder Griechen denkt, dann hat einzig die Kultur Spuren hinterlassen. Von den Politikern spricht man kaum mehr. Politiker sind meist nur Sternschnuppen. Wenn sie eine Wahl verlieren, sind sie sofort vergessen. Niemand kann sich heute noch daran erinnern, welche griechischen Senatoren für oder gegen den Bau der Akropolis gestimmt haben. Die Kultur ist das Segel, die das Schiff allen Widerständen zum Trotz in die richtige Richtung fahren läßt. Zwischen Politikern und Künstlern besteht ein ähnlicher Unterschied wie zwischen einer Eintagsfliege und einer Schildkröte. Der Zeithorizont der Schildkröte ist die Unvergänglichkeit.

UNSTERBLICHER UND SIR

Und 1989 haben Sie die Nachfolge des verstorbenen Orson Welles in der französischen »Académie Des Beaux-Arts« angetreten …

Um ein »Unsterblicher«, ein Mitglied dieser Akademie, zu werden, muß man sich zunächst auf eigene Kosten eine Uniform schneidern lassen; sie wird »habit vert«, grüner Habit, genannt, obwohl sie schwarz ist. Das goldene Lametta auf der Uniformbrust ist nämlich leicht grünstichig. Dazu kommt noch ein eigens geschmiedetes Schwert. Dann muß man ein festliches Buffet für die anderen Unsterblichen und deren Gäste geben. Ein Bataillon altertümlicher Gestalten findet sich da ein: vestalische Jungfrauen und verwitterte Druiden, alle mit einem gesegneten Appetit. Die Unsterblichen müssen viel Geld für etwas bezahlen, das sie nur ein- oder zweimal tragen werden. Als der Präsident von Italien uns besuchte, zogen wir Uniform und Schwert wieder an. Sonst verstauben diese Utensilien dort in der Garderobe der Akademie.

Wie war Orson Welles?

Anderen mag er chaotisch vorgekommen sein, selbst aber kam er mit diesem Chaos gut zurecht. Allerdings könnte man das wohl auch über mich sagen. Orson Welles war sehr amerikanisch. In meiner Jugend war Zigarrenrauchen ein Statussymbol. Er hat aber Zigarren geraucht, als würden sie ihm schmecken.

Wie viele Ausländer befinden sich unter den Unsterblichen?

Nur fünfzehn, unter ihnen sind Mstislaw Rostropowitsch und Yehudi Menuhin.

Welche Rolle spielt diese Akademie im kulturellen Leben Frankreichs?

Sie ist jedenfalls sehr reich. Sie verwaltet ein riesengroßes Vermögen. Als ein Mittagessen für sämtliche Mitglieder im Musée Marmattan stattfand, konnte ich über hundert Monets und eine umfangreiche Goya-Sammlung bewundern. Mein Tischnachbar, ein Wissenschaftler des französischen Weltraumprogramms, meinte: »Der Himmel kommt gut ohne Menschen aus.«

»Gilt das auch für die Erde?« wollte ich von ihm wissen.

Diese ehrwürdige Institution besitzt darüber hinaus viele Schlösser. Wenn man zum Beispiel als Dramatiker außer Mode kommt und sich das Geld verknappt, kann man sich auf ein Schloß zurückziehen. Das gilt auch für mich. Die Akademie investiert viel Geld in die Forschung und unterstützt junge Künstler.

Wie werden neue Mitglieder gewählt?

Ist ein Sitz frei geworden, geht ein wahres Gerangel um die Nachfolge los. Gott sei Dank können Ausländer nicht wählen. Häufig bekomme ich Briefe, in denen man mich bittet, eine Aufnahme in den vornehmen Verein zu unterstützen.

Da fragt zum Beispiel ein alter Herr an: »Ich bin der beste Bildhauer in Rouen. Und ich habe die große Statue vor der Geburtsklinik gemacht. Dann habe ich auch die Brücke über die Seine gebaut und glaube, die Zeit ist gekommen, daß ich endlich anerkannt werde. Deshalb möchte ich Ihnen in den nächsten Tagen einen Besuch abstatten.«

Ich kann mit dem allerbesten Gewissen zurückschreiben: »Obwohl ich über Ihren Besuch entzückt wäre, ist er doch verlorene Zeit, da ich als Ausländer bei der Auswahl der Kandidaten nichts zu sagen habe. Besuchen Sie doch ein anderes Mitglied.«

Eine weitere Ehrung war der Ritterschlag, der Sie zum Sir machte …

Als Mrs. Thatcher mir schrieb, sie wolle bei der Königin meine Erhebung in den Ritterstand beantragen, rief ich gleich meine Frau an. Sie war erfreut, daß ich nun auch einen Titel bekommen sollte, weil ihr Bruder ein Marquis ist. Doch als sie hörte, ich sei nun »Knight Bachelor« geworden, lachte sie laut auf: »Ein Junggeselle mit drei Ehefrauen!«

Als ich die Einladungen zur Verleihungszeremonie erhielt, kamen mir doch Bedenken. Da gab es eine Antwortkarte, auf der stand: »Nichtzutreffendes streichen: Ich kann knien / Ich kann nicht knien.« Eine Rubrik für Kniende, die unfähig waren wieder aufzustehen, fehlte jedoch.

Die Königin fragte mich nach meiner Arbeit. Ich wollte von meiner Reise nach Australien und Neuseeland erzählen und sagte: »In Neusee…«, und schon war der nächste an der Reihe.

Kein »007«

Ihr Vater hätte sich über diese Ehrungen sicher sehr gefreut. Wie kam es, daß er Engländer wurde?

Mein Vater weigerte sich, die Meldungen der Nachrichtenagentur im Sinne der nationalsozialistischen Ideologie zu verändern. Ihm paßte diese ganze politische Linie nicht. Heimlich beantragte er mit Hilfe von Sir Robert Vansittart die britische Staatsbürgerschaft. Der Antrag für die Einbürgerung mußte in einer Zeitung erscheinen. Um zu verhindern, daß der Geheimdienst Wind von der Sache bekam, annoncierte er in einem welschen Blatt. Klop wurde dann zum hundertprozentigen Briten.

Als mein Vater später für den englischen Geheimdienst arbeitete, verwendete er leichtsinnigerweise einen Codenamen, der mit den zwei ersten Buchstaben seines Namens begann: »Usha«. Kürzlich hat das britische Verteidigungsministerium ein Nazi-Schwarzbuch veröffentlicht. In dem Buch standen die Namen aller Leute, die nach einem Einmarsch der Deutschen hätten verhaftet werden sollen. Über meinen Vater findet sich folgender Eintrag: »Journalist, besonders gefährlich.« Diese Bemerkung hätte ihm sicherlich geschmeichelt. Mit Decknamen nannten sie ihn Middelton-Peddelton. Als ob irgend jemand je so geheißen hätte. Stellen Sie sich vor, man sagt am Telefon: »Na, wie geht es Ihnen heute, Herr Middelton-Peddelton?« Was für ein Quatsch!

KONTAKTE ZUM WIDERSTAND

Hatte Ihr Vater auch Kontakte zum deutschen Widerstand?

Als ich einmal im Jahr 1938 nach der Schauspielschule in das elterliche Apartment im vierten Stock Redcliff Gardens 104 zurückkehrte, erwarteten meine Eltern Gäste. Gekühlter Champagner, Gläser und Zigaretten waren bereitgestellt. Mein Vater schien mich loswerden zu wollen. Er schickte mich, kaum war ich in der Wohnung, ins Kino. Das war noch nie vorgekommen. Als ich ihn um Geld für das Billett bat, meinte er verärgert: »Schon wieder willst du Geld.«

Mein erstes und letztes Taschengeld hatte ich vor vier Jahren bekommen. Die Sixpence-Münze, die er mir zögernd gab, war selbst für den billigsten Platz zu wenig. Erst als meine Mutter drei Pence dazulegte, konnte ich mich auf den Weg machen.

Die Gäste kamen bereits die Treppe herauf. Im Treppenhaus mußte ich mich an die Wand drücken. Eine nach Luft ringende Prozession älterer Herren mit Bowlerhead oder Filzhut zog an mir vorüber.

Erst während des Krieges, einige Jahre später, kam mir das Bild der geheimnisvollen Männer wieder in den Sinn. Mein Vater klärte mich auf. Der deutsche Militärattaché hatte von einer Telefonzelle aus gebeten, ein geheimes Treffen zwischen den britischen und den deutschen Generalstäben zu organisieren. Er wollte die Briten davon überzeugen, in München nicht klein beizugeben. Er schätzte Hitlers Machtgelüste richtig ein. Mein Vater meinte: »Weil die Briten das Ganze für eine deutsche Falle hielten, weigerten sie sich mitzumachen.« Später fand ich heraus, daß sich unter den britischen Offizieren auch Major Stevens befunden hatte. Nach diesem Treffen ließ er sich wirklich in eine Falle locken. Stevens sollte einen angeblich hohen deutschen Überläufer an der Grenze in Empfang nehmen. Dabei wurde er geschnappt und für die kommenden vier Jahre nach Deutschland verschleppt.

Was ich noch sagen wollte: Als ich diese Geschichte vor einigen Jahren dem Polizeichef von Morges, einem Nachbarort von Bursins, erzählte, der während des Krieges Informationschef von General Guisan war, wußte er sofort Bescheid und meinte: »Wir in der Schweiz waren über solche Dinge ziemlich gut informiert.«

»SPYCATCHER«

Ihr Vater Jonah Ustinov kommt auch in Peter Wrights Buch Spycatcher *vor ...*

In Peter Wrights Beschreibung hatte ich Mühe, meinen Vater wiederzuerkennen. Er schildert, wie Klop in einem verstaubten Zimmer sitzt und Wodka vor sich hin trinkt. Es steht da, mein Vater habe keine Pension bekommen und ein Leben in Armut führen müssen. In Wirklichkeit war er Direktor meiner Firma, und ich habe ihm ein ordentliches Gehalt bezahlt. Mein Vater wußte zwar nicht genau, worum es ging, machte sich aber ständig Notizen. Mit Zahlen konnte er nur wenig anfangen. Außerdem hat er niemals allein Wodka getrunken. Wright schreibt allerdings auch, mein Vater habe dank seiner Kenntnis der deutschen Hierarchie dem britischen Geheimdienst immer wieder behilflich sein können.
Nebenbei, nach dem Krieg hat sich ein jüdischer Rechtsanwalt in London dafür eingesetzt, daß mein Vater seine Pension vom deutschen Staat ausgezahlt bekam. Zunächst haben die Deutschen mit der Begründung abgelehnt, er habe gegen sie gekämpft; dann haben sie ihm eine Rente in der Höhe des Lohns einer Reinmachefrau bewilligt. Als der Anwalt erneut in die Berufung ging, entschied man, ihm seine volle Pension auszuzahlen. Leider war mein Vater zwei Wochen zuvor gestorben.

Stimmt es, daß Wright Sie zu Ihrem Buch Der Intrigant *angeregt hat?*

Während ich dieses Buch schrieb, traf ich Margaret Thatcher. Sie erkundigte sich nach meiner Arbeit. Ich erzählte ihr, daß ich über einen Mann schriebe, der Peter Wright beneide.
Lady Thatcher meinte leicht irritiert: »Das verdient Wright nicht.«
»Woher wollen Sie das wissen? Sie haben ja noch nicht erlebt, daß ein Premierminister eines Ihrer Bücher verboten hat«, gab ich zurück.

KEIN »007«

Sie selbst sollten doch auch einmal als Spion angeworben werden.

Während meiner viereinhalbjährigen Armeezeit war ich ziemlich unglücklich. Da kam mein Vater auf die Idee, den Geheimdienst für mich zu interessieren. Ein Vorstellungsgespräch wurde geplant, zu dem ich genaueste Instruktionen erhielt. Ich sollte einen Mann vor der U-Bahnstation Sloane Square treffen. Als Erkennungszeichen würde er in der »News Chronicle« lesen, einer damaligen Zeitung. Ich sollte den Mann nach dem Weg zum Eaton Square fragen. Er würde sich nach der Hausnummer erkundigen, und ich hatte »Nummer neun« zu antworten. Daraufhin sollten wir einen Spaziergang machen. Wie in einem drittklassigen Film.
Als ich pünktlich eintraf, sah ich jemanden mit einem aufgeschlagenen »News Chronicle«, der über den Zeitungsrand alle Passanten betrachtete. Während des vorgeschriebenen Dialogs musterte er mich nach Geheimdienstmanier. Wir gingen nebeneinander her. Er sah mich nicht ein einziges Mal an.

»Ihre Personalien wie Schulen und Hobbys hat uns Ihr Vater bereits mitgeteilt. Ich möchte also von Ihnen nur wissen, warum Sie glauben, für diesen Job besonders geeignet zu sein?«
Ich pries meine Sprachkenntnisse und mein gutes Gedächtnis.
Er stellte sofort die Probe aufs Exempel: »Sprecken See Dutch?«
»Ja.«
Der Mann schien beeindruckt.
»Oui, Monsieur.«
»Sprachbegabt«, lobte er mich.
Doch aus meiner Karriere als »007« wurde nichts. Man teilte mir mit, daß ich mit einem so auffälligen Gesicht unmöglich unauffällig in der Masse untertauchen könnte.
Was mich als Spion enttäuschte, gab mir als Schauspieler Selbstvertrauen. Mit sechzehn hatte ich Westminster verlassen und mich, dem Rat meiner Mutter folgend, bei einer Schauspielschule beworben.

*Schauspieler und
Dramatiker*

Es war also die Idee Ihrer Mutter, daß Sie Schauspieler werden soll-
ten. Waren Sie von Anfang an davon überzeugt, die Schauspielerei
sei der richtige Weg für Sie?

Eigentlich nicht. Die Schauspielerei lockte mich zunächst wenig.
Aber mir war alles recht, um von der Schule wegzukommen, die
mich immer mehr langweilte. Die Schauspielerei ängstigte mich
sogar, denn im Grunde bin ich ein schüchterner Mensch. Viele
Schauspieler sind scheu und haben Angst davor, sich bloßzustel-
len. Laurence Olivier setzte sich als Schutzschild eine künstliche
Nase auf. Sie war der eigenen Nase genau nachgebildet. Diese
Maske gab ihm Sicherheit und Halt. Andere Leute des öffentlichen Lebens, wie Politiker oder Kirchenleute, sind oft weniger ge-
hemmt als Schauspieler. Sie verstecken sich nicht hinter fremden
Rollen, sondern stellen mit Vergnügen ihre eigene Person zur
Schau.
Ich sprach an der Schauspielschule von Michel Saint-Denis vor.
Ich sollte eine beliebige Seite eines bekannten Theaterstückes vor-
tragen. Da ich mir die Bedingungen für die Vorsprechprobe nur
oberflächlich durchgelesen hatte, trug ich sämtliche Rollen der
von mir augewählten Seite aus Shaws *Heiliger Johanna* vor. Der
Vortrag kam an, und ich wurde aufgenommen, obwohl ich da-
mals erst sechzehn war.

Haben Sie auf dieser Schauspielschule viel gelernt?

Mit vielem war ich nicht einverstanden, doch hat mir das eigentlich genützt. Kritik hat mich schon immer zum Denken angeregt.
Manchmal ist eine mittelmäßige Ausbildung besser als eine gute.

Man muß sie nur für die eigenen Zwecke zu nutzen wissen. Im Grunde war die Schauspielschule recht fortschrittlich. Im ersten Semester sollte jeder von uns ein Tier seiner Wahl verkörpern. Die Lehrer meinten, dadurch würde die Phantasie beflügelt und die Beobachtungsgabe geschärft werden. Die Texte der großen klassischen Autoren kamen erst später an die Reihe.

Eine südafrikanische Mitschülerin mit pickeliger Haut, fettigem Haar und anämischem Teint wurde aus Heimweh in die ferne Heimat zu einem Springbock. Sie hüpfte fast lautlos auf Tische und Stühle, dann balancierte sie auf dem Treppengeländer. Schließlich war sie so abgemagert, daß sie nach Südafrika zurückkehren mußte. Eine Skandinavierin trottete wie ein Elch umher, wobei sie sich mit ihrem Geweih in imaginären Hecken verfing.

DER DÖSENDE SALAMANDER

Welches Tier haben Sie sich ausgesucht?

Weil ich faul war und nicht mehr als nötig herumlaufen wollte, verwandelte ich mich in einen Salamander. Ich lag in der Sonne. Hin und wieder ließ ich die Zunge aus dem Mund hervorschnellen, um eine Fliege zu erhaschen. So konnte ich drei ruhige Monate verbringen.

Wie kann man faul sein und zugleich so viele Dinge tun wie Sie?

Ich war auf meine eigene Art faul. Ich wollte mich nach meinem eigenen Rhythmus bewegen und meine Tatkraft nicht unnötig verschwenden.

Die Rolle des Salamanders paßte zu Ihrem Wesen. Besteht aber für einen Schauspieler nicht die Gefahr, seine eigene Persönlichkeit durch die ständig wechselnden Rollen zu verlieren?

Ich glaube nicht. Die Schauspielerei ist eine Arbeit wie jede andere. Spielt man eine Rolle, so ist das ähnlich, als nehme man eine Tablette ein, die eine bestimmte Zeit lang wirkt. Jedoch habe ich mir gelegentlich von der Figur, die ich darstellte, etwas ausgeborgt. So spielte ich einmal einen Lexikographen mit einer sehr abrupten Redeweise. Immer wenn er »Sir ...« sagte, wußte man, nun würde etwas Schreckliches folgen. Durch diese Rolle habe ich gelernt, forsch und bestimmt aufzutreten, was mir eigentlich gar nicht liegt. Schauspielerei ist die Imitation der Phantasie.

ALEC GUINNESS

Ich habe einmal gelesen, Laurence Olivier hätte sich bei seinen Rollen von Menschen aus seiner Umgebung inspirieren lassen ...

Falls man Menschen aus dem täglichen Leben als Modelle für seine Rollen nimmt, sollte man das besser für sich behalten. Da hat jeder Schauspieler seine eigene Methode. Alec Guinness geht immer in den Zoo. Wenn er nach einer Inspiration für seine Rollen sucht, beobachtet er die Tiere. Ihr Verhalten scheint ihn zu inspirieren.
Alec Guinness ist ein intelligenter und zurückhaltender Mann. Wie alle Künstler hatte auch er geheime Wünsche. Er hatte einen ziemlich ungewöhnlichen Wunschtraum – er wollte unbedingt Hitler spielen. Mir wäre es nie in den Sinn gekommen, Hitler zu spielen. Göring vielleicht, aber sicher nicht Hitler. Alec Guinness war zu Ohren gekommen, man plane einen Hitlerfilm, in dem

Dustin Hoffman Hitler spielen sollte. Das wollte er verhindern. Er lieh sich ein Hitlerkostüm, schminkte sich entsprechend, um sich von einem bekannten Fotografen in aller Öffentlichkeit als Hitler aufnehmen zu lassen. Die Produzenten sollten sehen, daß niemand Hitler spielen konnte wie er.

Alec Guinness hatte Hitler mit grausamem Auge genaustens studiert. Dabei fiel ihm auf, daß Hitler nie still stand, sondern ständig in einer Art Menuettschritt herumtänzelte. In dieser Weise mimte der große Schauspieler Adolf Hitler auf offener Straße. Alle möglichen Passanten gingen ganz nahe an ihm vorüber. Aber niemand nahm Notiz von dem wild gestikulierenden »Führer«. Gerade als Alec Guinness ansetzte, eine Rede vor dem Parteitag in Nürnberg zu halten, näherte sich ihm ein alter Londoner Polizist und wandte sich höflich an ihn: »Entschuldigen Sie, mein Herr, gehört das Auto dort drüben Ihnen? Es steht auf einer doppelten gelben Linie, das ist verboten. Eigentlich sollte ich Ihnen einen Strafzettel ausschreiben, aber ich lasse es bei einer Verwarnung. Ich habe nämlich keine Lust, den Rest meiner Tage in einem Konzentrationslager zu verbringen.«

AUGEN UND OHREN OFFEN

Wenn Sie selbst eine Rolle spielen, werden Sie dann zu der Figur, die Sie darstellen?

Man muß die eigene Person verlassen und sich durch die Vorstellungskraft in jemand anderen verwandeln. Aber zugleich bleiben die Augen und Ohren offen wie die Antennen eines Insektes. Auf der Bühne braucht man eine ähnliche Konzentrationskraft wie beim Sport.

Als leidenschaftlicher Tennisspieler denken Sie dabei sicher in erster Linie ans Tennis …

Die Mischung aus Konzentration und Lockerheit, aus Spannung und Gelassenheit sind auf der Bühne wie auf dem Tennisplatz wichtig. Man ist auf der Bühne zwar ganz bei der Sache, kann aber leicht aus dem Konzept gebracht werden. Wenn man im Rampenlicht steht und den Faden des Textes verliert, steht man unter ähnlichen Bedingungen wie auf dem Tennisplatz. Alles wird wie durch ein Vergrößerungsglas wahrgenommen. Oft unterbricht ein Spieler seinen Aufschlag, weil im Publikum jemand seinen Platz verläßt. Wenn ein Tennisspieler zu lange überlegt, wohin er den nächsten Ball setzen will, statt blitzschnell zu reagieren, schlägt er meist daneben. Wenn Tennisprofis nach gelungenen Schlägen so tun, als hätten sie den Ball mit Kalkül gesetzt, dann gehört das zur Tennisshow.

Man soll auf dem Tennisplatz wie auf der Bühne so selten wie möglich seinen Kopf gebrauchen. Auf der Bühne bin ich immer froh, wenn ich einen schwierigen und langen Monolog hinter mich gebracht habe. Dann denke ich erleichtert, nun kommen die einfachen Stellen, jetzt kann nichts mehr schiefgehen. Und prompt stocke ich im Text.

»KÖNIG LEAR«

Sie sagten einmal, Sie hätten auf der Schauspielschule Schwierigkeiten gehabt, sich lange Texte zu merken. Hat sich das heute geändert?

Damit habe ich immer noch Schwierigkeiten. Doch können auch Szenen tückisch werden, in denen man gar nicht spricht. Das erlebte ich, als ich 1979 und 1980 den König Lear in Stratford, Ontario, spielte. Ich weiß immer noch nicht, wie ich es schaffte, mir diesen ganzen Text zu merken. Die ersten acht Worte sprach ich betont langsam, um ja keinen Fehler zu machen. Wie ein Auto kam ich immer mehr in Fahrt und spielte freier und freier. Bis ich schließlich nach viereinhalb Stunden mit einem zu lauten Plumps sterbend zu Boden sank.

Gott sei Dank reagierte das Publikum auf mein geräuschvolles Hinscheiden nicht. Nach meinem Tod begann die wirkliche Tortur. Ich mußte völlig bewegungslos daliegen. Die anderen Schauspieler sprachen angesichts des traurigen Ereignisses besonders schleppend. Die ganze Zeit über spürte ich ein Kribbeln in meiner Wade und durfte mich nicht rühren. Am zweiten Abend hatte ich kein Lampenfieber wegen des Textes, sondern fürchtete mich vor den unendlich langen sieben Minuten nach meinem Tod. Also verstarb ich mit dem über die Beine ausgebreiteten Mantel. Natürlich begann mir nun die Nase zu jucken. Diese letzten Augenblicke im *König Lear* waren für mich die schlimmsten, die ich je auf der Bühne erlebt habe.

Wieso hat man bei dieser König Lear-*Inszenierung das Stück in die Mitte des 19. Jahrhunderts, in die Zeit des Krimkriegs, verlegt?*

In dem Drama spielen die Etikette und die militärische Hierarchie eine große Rolle. Diese Thematik spiegelt sich auch im höfischen Leben des vorigen Jahrhunderts wider. König Lear macht die schmerzliche und leidvolle Erfahrung, daß auch er, trotz seiner Machtfülle, nur ein sterblicher Mensch ist. Wie es schon in der Bibel steht: »Nackt kam ich aus meiner Mutter Leib; nackt kehre ich zurück.« Früher war die Kleidung eines der Hauptmerkmale sozialer Unterschiede. Meiner Meinung nach ist Lear von Anfang an verrückt. Jedenfalls leidet er unter altersbedingter Vergeßlichkeit, die er verdrängt. Als er zur Einsicht gezwungen wird, versinkt er in völliges Selbstmitleid.

Nebenbei hatte ich meine Zweifel, ob ich diese Rolle überhaupt spielen sollte. Ich war sechzig und fragte mich, ob ich nicht doch ein wenig zu alt für den König Lear sei. Während der ersten Proben warf ich ein Glas vom Tisch und fing es auf, bevor es auf den Boden fiel. Das gab mir mehr Selbstvertrauen als alle Proben zusammen.

Haben Sie nicht Lust, sich noch an einer anderen Figur Shakespeares, zum Beispiel an Falstaff, zu versuchen?

Als man mir den Falstaff antrug, lehnte ich ab. Das ist ein Typ von Engländer, den ich trotz seiner Komik nicht ausstehen kann. Ich denke, es gibt andere Theaterleute, die das besser machen. Bei den meisten Stücken Shakespeares fehlt es mir an Wesensverwandtschaft. Ich glaube nicht, daß ich für Shakespeare geschaffen bin. König Lear zu spielen, hat mir Spaß gemacht, weil ich ein Gespür für seine Problematik hatte. Da ich selbst Vater von drei Töchtern bin, konnte ich mich gut auf die Rolle einstimmen.

Shakespeare liegt Ihnen also weniger?

Doch, ich bewundere ihn. Seine Stücke sind immer aktuell. Shakespeare paßt auch in unsere Zeit. Aber ich wollte immer selbst schreiben und meine eigenen Wege gehen. Shakespeare nachzuahmen, wäre ziemlich unklug und würde sicher als ungeheuerliche Selbstüberschätzung betrachtet werden.

Verlangt das Schreiben von Büchern und die Konzeption eines Theaterstücks unterschiedliche Fähigkeiten?

Theaterstücke oder Bücher zu schreiben ist völlig verschieden. Beim Theater muß man nämlich wissen, was man *nicht* schreiben soll. Das ist viel schwieriger. Wenn eine Figur auf der Bühne steht, muß ich mir auch vorstellen können, was in ihr vorgeht, wenn andere Personen sprechen. Das Ganze ist wie eine Komposition für ein unsichtbares Orchester. Daher gibt es viel mehr gute Bücher als Theaterstücke, obwohl die Bühne eine viel ältere Kunstform als das Buch ist. Mit Theaterstücken ist es wie mit Wahlen. Man muß die Stimmen des Publikums gewinnen. Bei weniger als fünfzig Prozent fällt das Stück durch und wird abgesetzt. Das Publikum fängt schnell an sich zu langweilen, und man muß sich ständig um seine Aufmerksamkeit bemühen. Ein Schriftsteller braucht sich nur jeweils um die Gunst eines einzigen Lesers zu bemühen.

Viele der großen Dramatiker waren doch auch Schauspieler ...

Den intellektuellen Dramatiker finden wir eigentlich erst in diesem Jahrhundert. Vorläufer waren Ibsen, Strindberg und Sudermann. Bis dahin waren fast alle großen Theaterstückeschreiber auch Schauspieler. Denken Sie an Shakespeare, Molière, Lope de Vega. Niemand weiß, ob sie gute oder schlechte Darsteller gewesen sind. Aber durch ihre Schauspielerei wußten sie genau, was sich auf einer Bühne abspielt. Daher sind ihre Stücke alle gut spielbar.

Viele große Romanschriftsteller haben Stücke geschrieben, denen kein Erfolg beschieden war. Man könnte sich vorstellen, daß Dostojewski ein idealer Dramatiker gewesen wäre. Dennoch hat er kein einziges Stück geschrieben. Dickens, der wunderbar über Schauspieler zu schreiben wußte, hatte keine Ahnung, wie man ein Stück verfaßt. Die Kurzgeschichte kommt dem Drama noch am nächsten. Daher gibt es so viele Kurzgeschichten von Tschechow, aber keine Romane. Eine Kurzgeschichte kann man nämlich wie ein Theaterstück lesen, ohne es einmal aus der Hand zu legen. Wenn Sie *Krieg und Frieden* lesen, müssen Sie sich erst wieder genau erinnern, ob Sergej Iwanowitsch der Onkel von Irina aufgrund ihrer ersten Ehe war. Die Schicksale der verschiedenen Personen muß man sich immer wieder ins Gedächtnis rufen.

»THE UNKNOWN SOLDIER«

Ihr Drama Der unbekannte Soldat und seine Frau, *das zur Zeit des Vietnamkriegs spielt und 1968 beim Chichester Festival uraufgeführt wurde, gilt für manche Kritiker als Ihr bestes Theater-*

stück. Ging es Ihnen darum, die Sinnlosigkeit aller Kriege zu zeigen?

Der »unbekannte Soldat« ist auf der ganzen Welt immer zum Kanonenfutter in kriegerischen Konflikten geworden, die mit seinem persönlichen Leben nichts zu tun haben – sei es in Kreta, als Römer oder Grieche, sei es im Heiligen Land, als die christlichen Kreuzfahrer die ungläubigen Muslims bekämpften. Soldatenwitwen haben sich zu jeder Zeit gefragt, warum der unbekannte Soldat immer und immer wieder getötet wird. Er wird von niemandem anerkannt, man befiehlt ihm, auf Menschen zu schießen, mit denen er lieber befreundet sein möchte. Er muß sterben, obwohl er am Leben hängt. Die Frau des unbekannten Soldaten in diesem Stück protestiert am Ende und sagt: »So kann es nicht weitergehen. Du kannst nicht immer der unbekannte Soldat bleiben, sonst bekomme ich meine Pension nicht.« Schließlich weigert der Soldat sich zu sterben. Dadurch wird er zwar nicht unsterblich, aber zu einer ewigen Figur.

»ENDSPURT«

Was empfinden Sie, wenn Sie nach langer Zeit Ihre Stücke wiedersehen?

Ich habe mir 1996 mein Stück *Endspurt* beim »Weilheimer Theatersommer« wieder angesehen, eine hervorragende Aufführung. Es wurde so gut gespielt, daß ich gespannt war, wie es weitergehen würde. In der Hauptrolle war Siegfried Lowitz, der »Alte«, zu sehen. Er war darin noch besser als Martin Held oder Heinz Rühmann. Lowitz ist nun zweiundachtzig und spielt ganz souverän. In einer Szene trifft er seinen Vater, der im Alter von fünfundvierzig gestorben ist. Vater und Sohn wissen nicht genau, wie sie miteinander umgehen sollen. Der Vater bietet dem Sohn eine Zigarre an, die er ablehnt. Schließlich sagt der alte Mann: »Ich glaube, wir hätten uns gut verstehen können, wenn wir nicht Vater und Sohn gewesen wären.« Die gleiche Erfahrung habe ich mit meinem eigenen Vater gemacht.

Vielleicht kann man sagen, daß sich im späteren Alter die Rollen vertauschen und Sie zu einer Art Vater Ihres Vaters wurden ...

Nun haben Sie aber übertrieben, meine Gnädigste! *(mit Berliner Akzent)*

NERO

Weltberühmt wurden Sie durch Ihre Darstellung des Nero im Film Quo vadis? ...

Ich war erst achtundzwanzig Jahre alt, als ich gefragt wurde, ob ich in dem Film *Quo vadis?* die Rolle des Nero spielen wollte. Doch dann zweifelte die Filmgesellschaft daran, ob ich wirklich der Richtige für diese Rolle sei. Man fand mich zu jung. Als ich länger nichts hörte, ließ ich sie telegrafisch wissen, ich würde bald zu alt sein, um den Nero zu spielen. Nero ist nämlich schon mit einunddreißig Jahren gestorben. Da teilte man mir per Telegramm mit: »Historische Nachforschungen bestätigen Ihre Angaben stop die Rolle gehört Ihnen.«
Nero war noch blutjung, als man ihm einredete, er sei ein Gott. Kritische Stimmen fehlten, die ihn auf seine menschlichen Schwächen hingewiesen hätten. So hielt er sich selbst für göttlich. Das war der Nährboden seines Größenwahns. Außerdem stammte Nero aus einer melodramatischen Familie. Wahrscheinlich kommt der Film *Ich, Claudius* der geschichtlichen Wirklichkeit näher als *Quo vadis?*

Wie haben Sie sich auf die Rolle des größenwahnsinnigen Kaisers vorbereitet?

Als ich in Rom ankam, mußte ich Gesangstunden bei einem italienischen Professor nehmen. In drei Stunden brachte er mir bei, mit der Stirn zu atmen, mit dem Zwerchfell zu denken und mit den Augen zu singen.

Den Regisseur Mervyn LeRoy lernte ich erst wenige Stunden vor Beginn der Dreharbeiten kennen. Er war ein kleiner Mann mit einer großen Zigarre, hatte freundliche blaue Augen und brüllte ständig wie ein Armeekommandant. Ich fragte ihn, ob er mir Hinweise für meine Rolle geben könnte.

»Nero? Ein Scheißkerl!« dröhnte es zurück.

»Gibt es einen Charakterzug Neros, den ich besonders herausarbeiten soll?«

Diese Frage verunsicherte ihn. Plötzlich führte er mit seiner Zigarre im Mund einen Stepptanz vor, dazu sagte er erklärend: »Ich war einmal Berufstänzer.«

Der Film wurde im Sommer gedreht. Da muß die Hitze doch unerträglich gewesen sein?

Den Brand von Rom drehten wir am heißesten Tag des Jahrhunderts. In dieser infernalischen Hitze brannten Feuer in unzähligen Kohlenbecken. Überall flog schwarze Asche herum. Mein Gesicht war mit grünen Schweißtropfen bedeckt. Sie stammten aus dem billigen Metall meiner Siegeskrone. Ich konnte kaum aus den Augen sehen. Mein Anblick erinnerte mehr an Ödipus Rex als an Nero. Mit einer Lyra stand ich auf einem Balkon und stimmte meinen wahnsinnigen Gesang an: »O züngelnde Flammen, o himmlische Macht ...« Unter mir auf einem Podium saß eine amerikanische Harfenistin und spielte nach meinen Handbewegungen auf der Lyra. Auch sie war schweißgebadet. Ihr Kleid klebte am Körper. Hinter mir standen zwei ältere Senatoren. Einer von ihnen litt an Asthma. Ich sagte mir, wenn er mit dem Husten aufhört, ist er tot. Plötzlich wackelte der Balkon, und Mervyn LeRoy kam heraufgeklettert. Mit seiner Zigarre zwischen den Zähnen ließ er mich wissen: »Vergessen Sie nicht, daß Sie für alles hier verantwortlich sind.«

MIT SPARTACUS

Eine Ihrer anderen Glanzrollen, für die Sie mit einem Oscar für die beste Nebenrolle ausgezeichnet worden sind, spielten Sie in Spartacus...

Spartacus war ein sehr aufwendiger Film. Die Dreharbeiten zogen sich so lange hin, daß meine Tochter Andrea auf die Frage eines Spielkameraden, womit ich mein Geld verdiene, antwortete: »Mit *Spartacus.*«
Kirk Douglas verkörperte Spartacus, den Anführer eines römischen Sklavenaufstands, und war auch der Produzent. Einer der Schauspieler war Laurence Olivier, der es liebte seinen Willen durchzusetzen. Olivier spielte einen großen römischen General, ich verkörperte einen miesen Sklavenhändler. Inmitten von zahllosen Kriegsgefangenen sollte ich auf das sich aufbäumende Pferd zulaufen, es am Zügel packen und zu ihm sagen: »Göttlichkeit, wenn ich Ihnen zeige, wer Spartacus ist, geben Sie mir die Frauen und Kinder heraus?«
Es folgte eine nicht enden wollende Pause mit eindrücklichem Mienenspiel, bis er mich anzischte: »Spartacus? Haben Sie ihn erkannt?«
Nun war es an mir, die Anwort hinauszuzögern. Verschiedene Gefühle wie Eitelkeit, Unterwürfigkeit und Unverschämtheit spiegelten sich in meinem Gesicht, bis ich schließlich ein fast unhörbares »Ja« vernehmen ließ.
Laurence Olivier reagierte leicht verärgert: »Mein lieber Junge, wäre es möglich, mit deinem Ja etwas schneller herauszurücken?«
Ich sagte höflich: »Nein.«
Wir blickten einander unverwandt in die Augen, lächelten uns an.

»WIE HEISST DIE DAME?«

Ein anderer großer Schauspieler in Spartacus *war Charles Laughton ...*

Er war ein höchst origineller Mensch. Einmal saßen wir gemeinsam in seiner Garderobe, beide mit einer Toga bekleidet. Plötzlich stand eine ältere Touristin in der Tür, zeigte auf Laughton und rief:« Sie sind der Größte. Ich habe Sie in *Die Katze auf dem heißen Blechdach* gesehen. Sie waren an Krebs erkrankt und ständig schlecht gelaunt. Und dann noch die herrliche Kellerszene mit den alten Möbeln.« Kurz darauf kehrte sie zurück und entschuldigte sich: »Wie konnte ich Sie nur mit Mr. Ives verwechseln? Das ist mir sehr peinlich.« Laughton zeigte auf mich: »Darf ich Sie mit Edward G. Robinson bekannt machen?« Sie lachte auf:« Das soll Robinson sein? Ich kenne doch Walter Hustonov. Mir kann man nichts vormachen.«

Einmal kam Charles Laughton zu mir nach Hause, um einen Text zu proben. Er hatte eine korpulente Figur, trug ein Sporthemd, Blue Jeans und Sandalen, hatte gewelltes Haar und sah äußerst merkwürdig aus.

Mein vierjähriger Sohn kam ins Zimmer und wollte wissen: »Wer ist diese Dame?«

»Das ist keine Dame, sondern ein Freund deines Vaters. Er ist ein großer Schauspieler und heißt Charles Laughton. Merk dir seinen Namen. Er ist ein Mann.«

»Warum hat er dann Brüste?« wollte Igor weiter wissen.

Im Schwimmbad war Laughtons Anblick das Gegenteil eines Eisbergs: Neun Zehntel von ihm waren sichtbar.

TOPMANAGER MIT OHRRING

Sie haben Hollywood noch zu seinen Glanzzeiten erlebt. Stimmt es, daß damals die Filme größere Kunstwerke waren als heute?

Nein, das stimmt nicht. Manchmal war das Drehbuch geradezu absurd. Und wenn man irgend etwas ändern wollte, brauchte man eine Genehmigung – wie von einem Ministerium. Es war fast eine Staatsaffäre. Alles mußte erst nach Hollywood telegrafiert werden. So wie eine Stelle in *Quo vadis?*, die ich überhaupt nicht mochte. Eine Frau schnitt mir – Nero – die Fußnägel, was an sich schon lächerlich war, und dann schnitt sie mir noch in den Fuß. Ich hätte sie empört anschauen, ihr so einen so festen Tritt ins Gesicht versetzen sollen, daß sie auf ihre Schere am Marmorboden gefallen wäre. Dann hätte ich ausrufen sollen: »Tragt sie hinaus, bevor sie verblutet.« Da mir diese Stelle gar nicht gefiel, verlangte ich eine Änderung, die dann auch gewährt wurde.

Manche Aspekte des römischen Lebens können eigentlich nur die Amerikaner verstehen. Die Amerikaner sind den Römern ähnlich. Auch sie werden als Weltmacht immer nachlässiger. Heute ist der »American way of life« wichtiger als alles andere. Allerdings, wer sich den gängigen Verhaltensmustern anpaßt, kann außerordentliche Leistungen vollbringen, aus welcher Kultur er auch stammen mag.

Wie sehen Sie das heutige Hollywood?

Es hat sich nicht verbessert, aber es ist ganz anders geworden. Heute tragen die Topmanager Ohrringe. Sie sind neunundzwanzig, und wenn sie versuchen, Zigarren zu rauchen, wird ihnen übel. Viele von ihnen können einem leid tun. Nach zwei Jahren verlieren sie bereits wieder ihren Job, weil sie drei erfolglose Filme produziert haben. Was macht man, wenn man einunddreißig Jahre alt ist und sagen muß: »Ich war der Präsident von Metro-Goldwyn-Mayer«? Jeder wird sich fragen, warum die Karriere dort nur so kurz gedauert hat. Wenn man einmal ganz oben war, ist es schwierig, wieder neu anzufangen.

USA
oder Die große Freiheit

Warum verfolgte man unter McCarthy so viele Künstler Hollywoods?

Der Einfluß von McCarthy muß im Kontext des Kalten Krieges gesehen werden. Damals hatte man völlig vergessen, daß es im Kommunismus ursprünglich auch eine idealistische Dimension gab. Man fürchtete sich vor einem russischen Komplott gegen Amerika. Die Amerikaner lassen sich leicht in Panik versetzen. Denken Sie an die Reaktionen auf Orson Welles' bekanntes Hörspiel *The War of the Worlds*, das die Bevölkerung in Panik versetzt hat. Hollywood war eine Art Ideenfabrik, die man unter Kontrolle zu bringen versuchte.

Wie ließ sich der McCarthynismus mit dem demokratischen Bewußtsein der Amerikaner vereinbaren?

Die Amerikaner sind in manchen Dingen sehr demokratisch, in anderen überhaupt nicht. Der demokratische Sinn der Amerikaner zeichnet sich vor allem dadurch aus, daß jeder seinem Nachbarn möglichst ähnlich sein möchte. Wenn man exzentrisch sein will, tritt man einer Sekte bei und begeht kollektiven Selbstmord, um mit einem Raumschiff möglichst schnell in den Himmel zu kommen. Wenn man wirklich unkonventionell ist, hat man es schwer, akzeptiert zu werden. Heutzutage könnte McCarthy viele völlig harmlose Fernsehsendungen verhindern.

Früher war die amerikanische Filmzensur manchmal fast schon grotesk ...

Auch in England gab es eine solche Zensur: Wenn sich zwei in einem Schlafzimmer befanden, dann durften nicht mehr als drei Füße vom Boden weg sein. Ich hatte eine Aufnahme in einem Film, wo ein Mann und eine Frau an einem Strand lagen. Auf einmal fliegen Seemöwen am Himmel vorbei. Diese Stelle mußte herausgeschnitten werden, damit nicht der Eindruck entstehen konnte, sie läge auf dem Rücken.

Erinnert Sie McCarthy an Senator Alfonso Amato? Amato hat die Schweiz scharf wegen ihres Umgangs mit dem sogenannten nachrichtenlosen Vermögen und ihren Geschäften mit Hitler-Deutschland kritisiert ...

Nein, Amato ist von Natur aus kein Rebell und nicht so doppelzüngig wie McCarthy. Amato würde man wohl in keinem anderen Land tolerieren. Er hat als italienischer Immigrant versucht, in schauderhafter Weise den japanischen Richter Hito zu imitieren und sich über ihn lustig zu machen – Hito hat den Simpson-Prozeß geleitet. Ich kann das beurteilen, weil das Imitieren mein Beruf ist. Amato ist ein geschmackloser und lauter Kerl. Amerika fühlt sich als einzige Großmacht berufen, den Weltpolizisten zu spielen. Deshalb sind wir alle unter Druck von Leuten wie Amato und Senator Helms, die wir nicht gewählt haben.
Man kann das Verhalten der Schweiz sicher kritisieren. Aber kein anderes Land befand sich in einer ähnlichen Lage wie die neutrale Schweiz als direkter Nachbar von Nazideutschland. Und man darf nicht vergessen, daß es während des ganzen Krieges eine Bankenkommission in Basel gab, die mit englischen Bankiers zusammenarbeitete. Wenn ich an Mobutu und seine gestohlenen Milliarden denke, bin ich allerdings dafür, daß man das Bankgeheimnis ändert.
Und die Waffengewalt nimmt zu. Dazu trägt auch das heute geradezu absurde Waffengesetz bei, das noch von den Gründervätern unter George Washington stammt. Ursprünglich war es für die Selbstverteidigung in abgelegenen Gegenden bestimmt.

Damals gab es ja auch nur Vorderladerpistolen. Man konnte also nicht wild um sich schießen. Niemand dachte an Maschinengewehre, die man heute in Städten fast wie eine Artillerie verwendet.

DIE FREIHEIT IM SCHLAFANZUG

Wird hier nicht der Freiheitsbegriff völlig mißbraucht?

Ich habe einmal die Freiheit in den USA folgendermaßen beschrieben: Da sitzt einer im Schlafanzug vor seiner eigenen Haustür mit einer Flasche in der Hand und ruft: »Ich bin ein freier Bürger Amerikas. Wo anders auf der Welt wäre das möglich?« Solche Freiheit ist oberflächlich. Amerika ist ein Land, das sich selbst imitiert. Es gibt Standard-Ideale. Alle wollen ihre Erfahrungen miteinander teilen. Das war früher für ein kleines Land vielleicht angemessen. Heute tritt man im Fernsehen auf und beichtet öffentlich: »Ja, als ich drei Jahre alt war, hat mein Vater meine Puppe zum Fenster hinausgeworfen. Und ich dachte, dies sei etwas ganz Normales, das fast jedem kleinen Mädchen passiert. Heute aber weiß ich ...« Das regt die Leute auf, andere erwidern: »Wie komisch, daß Sie das sagen, meiner Tante ist der Teddybär von der Müllabfuhr entführt worden, als sie zwei war ...« Ein grauenhaftes Erlebnis nach dem anderen kommt zur Sprache. Und man beschließt, daß alle dringend Hilfe brauchen.
Als ich neulich in den USA war, sah ich auf dem Bildschirm die folgende Episode: Eine Frau mit Lockenwicklern beklagte sich mit dramatischen Worten über irgendwas: »Ich möchte niemals mehr dort hingehen. Ich hasse es ...« Der Moderator schloß die Sendung mit folgenden Worten: »Hier muß unsere Show enden. Besonders danke ich Mrs. Miller, daß sie ihre Feindseligkeit mit uns allen geteilt hat.«

Hat Neil Postman recht, daß sich die Amerikaner zu Tode amüsieren?

In einem gewissen Sinn. Politik ist für die Amerikaner ein Sport. Kaum ist jemand gewählt worden, beginnt sofort die nächste Wahlkampagne. Pseudoexperten treten auf. Alle haben ihre eigensten Theorien – wie beim Sport – und wissen, wer der Sieger beim Spiel vom Dienstag sein wird. Jeder gibt fachmännisch nicht enden wollende Prognosen von sich: »Ich glaube nicht, daß es ihm schaden wird, daß er zum ersten Mal Sex im Alter von sieben hatte, mit seiner späteren Sekretärin …« Da kann man nur mehr staunen und sich fragen: Wie kann irgend jemand diesen ganzen Blödsinn nur ernst nehmen?

Verlieren die Amerikaner da nicht die wirklichen Probleme aus den Augen und werden zu lethargisch, um sich für die Verbesserung der gesellschaftlichen Mißstände einzusetzen?

Die Amerikaner sind nicht faul. Es gibt dort für alles Freiwillige. In seiner Art ist Amerika ein sehr großzügiges Land, das aber reicher ist an Wohltätigkeit als an Mitleid. Mit anderen Worten, man findet immer Leute, die einer Gesellschaft Beiträge bezahlen, damit sie Betrunkene von der Straße fernhält. Wenn man wirklich auf einen Betrunkenen träfe, würde man sich nicht trauen, ihm zu helfen, um nicht in einen Prozeß verwickelt zu werden. Der Mann könnte nämlich nicht besoffen sein, sondern drogenabhängig oder gar tot.

Wenn man einen Toten gefunden hat, riskiert man gerichtliche Scherereien bis zum Lebensende. Daher sind die Leute furchtbar verängstigt. Die gesamte Ärzteschaft befindet sich in Abwehrstellung, weil Familien den Ärzten ständig irgendwelche Behandlungsirrtümer vorwerfen. Heute kommt noch Aids dazu, jetzt heißt es: »Ich bin sicher, als dieser Zahnarzt mir die Zähne zog, hat er mich mit Aids angesteckt.« Niemand blickt da noch durch.

SIMPSON

Man kann fast schon von einer »Prozessokratie« sprechen ...

Das sieht man besonders am Fall Simpson. Spitzfindige amerikanische Juristen sind in der Lage, uns zu erklären, daß Simpson zugleich in einem kriminellen Verfahren freigesprochen und in einem Zivilverfahren verurteilt werden konnte, am Tod von zwei Menschen schuldig zu sein. Das mag zwar gesetzlich möglich sein, jedoch in diesem Zusammenhang von Gerechtigkeit zu sprechen, grenzt schon an Blasphemie.

Nun gibt es eine neue Facette dieses Falls. Der Fall Simpson war das größte Medienereignis der letzten Jahre, es übertraf an Popularität noch Serien wie *Dallas* oder *Santa Barbara*, die ja im Grunde langweilig waren. Simpson sprach zwar kein Wort und zog sich nur demonstrativ ein Paar Handschuhe an, die ihm nicht paßten. Trotzdem spielte er die stumme Hauptrolle in diesem Drama.

Heute ist Simpson so unpopulär in den USA, daß er keinen Vorschuß auf sein Buch bekommen hat. Aber die beiden Anwälte der Ankläger bekamen für ihre Aufzeichnungen beide einen Vorschuß von über einer Million Dollar. Hier geht es, so makaber es klingen mag, um geistiges Eigentum. Es gibt wohl kein größeres geistiges Eigentum als die eigene Person. Selbst wenn Simpson nur ein Agent wäre, stünden ihm zehn Prozent von den Büchern zu, in denen er die Hauptrolle spielt. Ohne ihn hätte der ganze Medienrummel überhaupt nicht stattgefunden.

Zugleich bemühen sich die Amerikaner, die Chinesen davon zu überzeugen, daß geistiges Eigentum unantastbar ist. Man darf fremde Musik nicht verändern oder Raubkopien von Filmen oder Büchern machen. Solche Vergehen werden im Westen bestraft.

Über das Lachen

Hat sich der Typ des Detektivs im Lauf der Zeit verändert?

Es gibt immer noch Detektive mit menschlichen Schwächen. Das ging zunächst von den USA aus. Denken Sie an Humphrey Bogart. Er war ein Mann, der in die Fänge einer Femme fatale geriet, sich ständig Zigaretten anzündete und recht brutale Gespräche führte.

Wie hat Ihnen die Rolle von Agatha Christies schrulligem Detektiv Hercule Poirot aus Belgien gefallen?

Ich mag Poirot gern, besonders weil ich völlig anders bin als er. Monsieur Poirots Hauptvergnügen scheint sich auf das Lippenlesen zu beschränken. Er ist eine Art Voyeur und liebt es, durch Schlüssellöcher zu schauen. Ihn interessiert hauptsächlich, was andere tun. Poirot ist eigentlich ein ängstlicher Zeitgenosse. Er ängstigt sich vor Katzen und fürchtet, der Stuhl, auf dem er sitzt, könnte zusammenbrechen. Mit Frauen läßt er sich nie ein. Das wäre für meinen Geschmack etwas dürftig, jedenfalls bis jetzt.

Hat Poirot Sie nicht doch ein wenig beeinflußt?

Ja, wenn ich darüber nachdenke ... Als meine jüngste Tochter mich einmal mit ihrem neuen und eleganten Auto zum Abendessen abholte, konnte ich, dank Poirot, zu ihr sagen: »Du bist nicht selbst gefahren.«
Sie widersprach, errötete jedoch: »Was redest du da, natürlich bin ich selbst gefahren. Das ist doch mein neues Auto, ich würde niemand anderem ...«

Ich: »Trotzdem, du bist nicht selbst gefahren, sondern dein Freund.«

Sie wollte unbedingt herausfinden, woher ich das denn wüßte, und ich konnte sagen: »Ganz einfach. Die Sonnenblende mit dem Spiegel auf der Beifahrerseite ist heruntergeklappt. Das bedeutet, du hast da gesessen und dein Make-up in Ordnung gebracht, während er fuhr.«

Jetzt gab sie es zu: »Ich wollte mich ja nur etwas zurechtmachen, für dich ...«

Agatha Christie hatte sich ihren Hercule Poirot ja eigentlich klein, mager und kahl vorgestellt ...

Wer weiß, ob Agatha Christie wirklich wußte, was sie wollte. Zuerst war Poirot Franzose, darüber ärgerten sich die Engländer. Da wurde er plötzlich zum Belgier. Man stellt sich in England unter einem Franzosen etwas anderes als Poirot vor. Aber auch den typischen Engländer mit Melone auf dem Kopf gibt es immer seltener. In den englischen Clubs sieht man häufig unverkennbare Engländer. Sie haben Suppenflecken auf dem Hemd, und irgendwo fehlt immer ein Knopf.

»SPEAKERS CORNER«

Können die Engländer wirklich über sich selbst lachen, wie es heißt?

Sie lachen meist über sich selbst, um den anderen Nationen zuvorzukommen. Viele amüsante Geschichten beruhen oft auf Mißverständnissen. In der Londoner »Speakers Corner«, wo jeder auch über die aberwitzigsten Dinge Reden halten darf, begann es zu regnen. Die Zuhörer zerstreuten sich. Ein Sprecher hörte nicht auf, seine Theorien über die kommende Weltrevolution zu verkünden. Nur ein einzelner Mann harrte im strömenden Regen aus. Als der Redner das Podium verließ, steckte er seine Notizen ein und bedankte sich bei seinem einzigen Zuhörer: »Danke, daß Sie sich trotz des Regens meine Rede bis zum Ende angehört haben.« Der andere erwiderte: »Ich habe überhaupt nicht zugehört. Ich bin der nächste Redner.«

Ich war kürzlich in London und besuchte die liberal-demokratische Partei. Man diskutierte, warum in den englischen Schulen nur eine Sprache gelehrt würde. Viele waren der Ansicht, es sollten zwei sein, eine für jüngere Schüler und eine weitere für die höheren Klassen. Alle waren von der zukünftigen Dreisprachigkeit begeistert. Wie notwendig sie ist, zeigte ein Zwischenfall während des Fußball-Europapokals. Englische Skinheads griffen eine Gruppe russischer Touristen an, im Glauben, sie sprächen Deutsch. Das hätte durch ein etwas ausgeprägteres Sprachverständnis vermieden werden können.

»DR. DR. SCHMALZ«

Immer noch werden die Deutschen in Filmen oft als humorlose Bösewichte dargestellt. Was sagen Sie dazu?

Viele Engländer fragen mich immer wieder mit leicht arrogantem Tonfall und einer abfälligen Kopfbewegung, als wüßten sie die negative Antwort schon im voraus: »Haben die Deutschen wirklich Humor?« Dann erzähle ich von meiner One-man-show in Berlin. Sie fand in einem hellerleuchteten Konzertsaal statt. Ich konnte das Publikum recht gut beobachten. Unter den Zuschauern sah ich jemanden, der mir irgendwie bekannt vorkam. War es Joschka Fischer? Er lachte aber fast zuviel, um wirklich ein deutscher Politiker zu sein. Es war Mel Brooks. Ganz vorne saß Roman Herzog und lachte immer wieder herzlich. Beim Bankett später bedankte ich mich dafür. Ich sagte ihm, sein Lachen habe mein Spiel beflügelt. Er antwortete: »Wissen Sie, ich lache sehr gern, aber es ist natürlich leichter, wenn man auch einen Vorwand dafür hat.«

Das scheint mir eine sehr gute Antwort auf die Frage der Engländer zu sein. Die deutsche Sprache ist manchmal etwas schwerfällig. Man muß immer alles erklären. Doch es ist unsinnig zu behaupten, die Deutschen hätten keinen Humor. In meiner Show gibt es eine Stelle, da sage ich: »Darf ich vorstellen, Professor Doktor, Doktor, Doktor, Doktor, Doktor, Doktor, Doktor, Doktor Willi Schmalz. Habe ich recht?«

»Ich weiß gar nicht, wie Sie sich das merken können. Sie haben zwar einen Doktor ausgelassen, aber das spielt im Grunde überhaupt keine Rolle.«

Haben Sie nicht zum siebzigsten Geburtstag von Helmut Schmidt eine Rede gehalten?

Bei dieser Rede sagte ich, daß es einige Menschen gäbe, die gerne anwesend wären, aber keine Zeit gefunden hätten, zu kommen. Einer von ihnen sei im Weißen Haus gerade damit beschäftigt, seine Koffer zu packen. Wenn er gekommen wäre, hätte er bestimmt gesagt: »Es ist ein wunderbarer Augenblick, Hel … mut … Helmut Kohl … Wir sind alte Freunde, was spielen da Nachnamen noch für eine Rolle? Ich habe einen kleinen Satz in Ihrer wunderbaren Sprache auswendig gelernt … mit der Hilfe von … von Nancy … Ich hoffe, ich sage ihn richtig: Ich bin ein Hamburger!«

JEDES PUBLIKUM LACHT ANDERS

Mit Ihrer One-man-show sind Sie weltweit aufgetreten. Reagiert das Publikum in den verschiedenen Ländern anders?

Die Deutschen sind, wie gesagt, nicht humorlos, aber sie haben die Tendenz, ernst zu sein. Sie wollen lachen, aber sie sind sich nie ganz sicher, wann etwas komisch oder ernst gemeint ist. Sie warten ab, und erst wenn sie sicher sind, daß etwas wirklich amüsant ist, dann erst lachen sie. Die Deutschen wollen erst die feinen Nuancen herausspüren, bevor sie in Gelächter ausbrechen.

Die Engländer wollen immer lachen, sie lachen meist einfach los. Sie sind sehr enttäuscht, wenn sie auf einmal nicht mehr lachen können. Der britisch-südafrikanische Kolonialpolitiker Cecil Rhodes schrieb Ende letzten Jahrhunderts: »Vergiß nie, daß du Engländer bist und damit das große Los gezogen hast.«

Den Briten kam ihre Insellage immer wie ein Geschenk Gottes vor. Sie haben nicht begriffen, daß Großbritannien eigentlich ein Treffpunkt von Dinosauriern und Exzentrikern ist. Wie in der Geschichte vom englischen Lord, der im Bahnhof von Dublin feststellte, daß alle drei Bahnhofsuhren eine andere Zeit anzeigten. Der Bahnhofsvorsteher, bei dem er sich beschwert hatte, klärte ihn auf: »Was für einen Sinn hätte es, drei Uhren zu haben, wenn alle die gleiche Zeit anzeigen würden?«

Sie haben auch den »Karl-Valentin-Orden« bekommen ...

Da sieht man, wie unsinnig es ist, zu sagen, die deutschen hätten keinen Humor. Sie hatten doch so große Komiker wie Karl Valentin und eine hervorragende kabarettistische Tradition. Sogar während der Nazizeit. Was war das für ein schwarzer Tag für Deutschland, als man den ersten Komiker verhaftete, nur weil er Göring oder eine andere Nazigröße imitiert hatte.

Das Ende der Kriege

*In der ersten Hälfte dieses Jahrhunderts fürchteten die Engländer
besonders die deutsche Militärmacht. Seit dem letzten Krieg hat sich
in Deutschland die Einstellung gegenüber dem Militär grundlegend
verändert ...*

Aber die Engländer wollen das nicht glauben. Ich sage oft, jetzt
gibt es in Deutschland Soldaten mit langen Haaren und Ohrrin-
gen. Sogar die Armee hat eine Art Gewerkschaft, den Deutschen
Bundeswehrverband. Wenn ein Feldwebel zu laut zu einem Soldaten redet, bekommt er zu hören: »So etwas lasse ich mir nicht
gefallen. Was bilden Sie sich ein?« Deutsche Soldaten dürfen alten
Damen über die Straße helfen, aber sonst hat man große Bedenken, sie in Krisengebieten einzusetzen. Auch wenn sich das jetzt
ändert.
In den schlechten alten Tagen kamen beim deutschen Militär
meist Kriege und beim englischen meist Militärparaden heraus.
Manchmal waren die Engländer sehr irritiert, wenn sie ihre Para-
den unterbrechen mußten, weil irgendwo ein Krieg ausgebrochen
war.

Und wie sehen Sie das englische Militär heute?

Ich war in London zum fünfzigsten Jahrestag der Vereinten
Nationen eingeladen. Das war ein sehr feierliches Ereignis in
der würdigen Westminster Hall. Die Königin hielt eine Rede.
John Major äußerte sich in ungewohnter Originalität. Perez de
Cuellar las ein Gedicht von Kierkegaard über den Frieden vor. Die
Aussprache war sehr klangvoll, der Inhalt unverständlich. Er hat
wahrscheinlich Kierkegaard gewählt, weil es aus geographischen

Gründen niemals zu Konflikten zwischen Dänemark und Peru gekommen ist. Eine Friedenskantate wurde gesungen. Die Königin setzte ihre Brille auf, holte eine Rede aus ihrer Handtasche, die jemand anderes verfaßt hatte. Sie sprach über den Frieden und steckte das Papier wieder in ihr Täschchen, für die Archive.

Ich kann mich noch an folgende Worte erinnern: »Ich hoffe, daß der Ruf nach den Waffen in diesem Land niemals mehr erklingen wird.« Es folgten laute militärische Befehle, und wir gingen im Marschschritt nach draußen. Dann wurden Soldaten mit Orden für ihren mutigen Einsatz dekoriert. So wurde diese feierliche Friedensfeier begangen.

SITZEND IN DEN KRIEG

Sie sind ja direkt nach der Schauspielschule zum Militär eingezogen worden ...

Nach der Schauspielschule war ich frei und hoffte, nun endlich meine eigenen Dummheiten machen zu können und nicht mehr die, die mir andere vorschrieben. Doch die Zeit, in der ich die Freiheit schnuppern konnte, war nur kurz. Der Krieg brach aus. Ehe ich es mich versah, besuchte ich als einfacher Soldat wieder eine Schule.

Bei welcher Waffengattung waren Sie?

Zur Musterung mußte ich mich in einem häßlichen Londoner Gebäude melden. Ein Offizier wollte von mir wissen: »Für welche Waffengattung würden Sie sich entscheiden, wenn Ihnen die Möglichkeit zu wählen gewährt würde?«
Ich sagte dem Mann, daß ich mich für Panzer interessieren würde.
»Warum für Panzer?« fragte er weiter.
»Weil ich am liebsten sitzend in die Schlacht ziehen möchte«,

klärte ich ihn auf. Ich stand immer noch unter dem Einfluß des Salamanders.

Die Armee zeigte einen Anflug von Humor, denn ich wurde bald darauf schriftlich aufgefordert, mich am 16. Januar 1943 bei einem Infanterieregiment zu melden. Dieser Tag wurde zwar nicht für die Alliierten, aber für mich zu einem Wendepunkt des Krieges. Die nächsten viereinhalb Jahre war ich sogenannter gemeiner Soldat. Bei Kriegsende konnte ich endlich meinen Beruf als Salamander ausüben. Ich habe diese Zeit überlebt, weil ich mir dachte, es könnte im Rückblick lohnend sein.

Waren Sie eine Art Schwejk?

Schwejk ist mein Lieblingsbuch. Besonders während meiner Militärzeit habe ich Schwejks passiven Widerstand sehr bewundert.

HUNDERTE FAHNEN

Es gibt seit einigen Jahren wohl auch eine nostalgische Sehnsucht nach den »guten alten Tagen« des Kalten Krieges …

Der moderne Krieg hat ausgespielt. In Jugoslawien war das etwas anders. Ich bedaure die Kriegsinitiativen des Westens, weil sie ihre Argumente mit ethnischen Gruppierungen in Verbindung brachten. Tschechien und die Slowakei haben sich in friedlicher Weise getrennt. Jedoch sind viele Länder niemals unabhängig gewesen. Wenn sie schließlich ihre Unabhängigkeit erlangt haben, merken sie erst, wie abhängig sie im Grunde von anderen Staaten sind. Wenn das so weitergeht, werden plötzlich Hunderte von Fahnen vor dem Gebäude der Vereinten Nationen wehen. Viele Länder werden ihre Beiträge nicht zahlen können. Estland, Lettland und Litauen sind zu klein, um ein neues Benelux zu bilden. Außerdem gibt es schon zuviel Butter auf der Welt.

Sie haben einmal geschrieben, die zwei Weltkriege in unserem Jahrhundert hätten dazu geführt, den Krieg endgültig zu beenden ...

Wir haben am Ende dieses Jahrhunderts hoffentlich eingesehen, wie wenig militärische Auseinandersetzungen letztlich bewirken, sei es in Vietnam, in Afghanistan, in Bosnien oder anderswo. Das sollte besonders für Amerika gelten. Die USA sind ein sportliches Land, und ihre offene Feindschaft zu Ländern wie Haiti oder Kuba widerspricht eigentlich dem amerikanischen Wesen. Während des Angriffs auf Grenada, für das es überhaupt keinen casus belli, keinen Kriegsgrund, gab, ließ Präsident Reagan verlauten: »Grenada bedient sich der Kubaner, um einen feindlichen Stützpunkt zu schaffen.«

In Wirklichkeit hat Grenada nur einen winzigen Flughafen in Pearls, der selbst für Jets zu klein ist. Grenada hatte schon seit langem nach Sponsoren für einen Großflughafen gesucht. Einzig die Kubaner bekundeten ihr Interesse. Das erregte Reagans Argwohn. Die Invasion auf Grenada war absurd. Ein amerikanischer Offizier beobachtete von St. Georges, der Hauptstadt, aus, daß die amerikanische Flotte eindeutig eine Irrenanstalt und ein Krankenhaus beschoß. Der einzige Weg, die Schiffe zu stoppen, war für ihn, von einer Telefonzelle aus im Pentagon anzurufen, um dem Verteidigungsministerium mitzuteilen, es solle den amerikanischen Schiffen vor Grenada per Telefon den Befehl erteilen, mit der Schießerei aufzuhören.

GOLFKRIEGEXPERTEN

Eigentlich haben die Berichterstattung im Fernsehen während des Golfkriegs und das große Medienspektakel die Mechanismen der Kriegführung entmystifiziert ...

Einer der Gründe, die Kriege immer mehr unmöglich machen, ist das Fernsehen. Die Zuschauer können die katastrophalen Folgen von kriegerischen Auseinandersetzungen am Bildschirm mitverfolgen. Ein alter Herr hat zu mir neulich richtig gesagt: »Wissen Sie, hätte es 1914 schon das Fernsehen gegeben, wäre es niemals zu den beiden Weltkriegen gekommen.«

Am Bildschirm war der Golfkrieg auf allen Sendern bei Tag und Nacht ein nichtssagendes Frage- und Antwortspiel. Alle Verantwortlichen gaben zu den jüngsten Entwicklungen im Golfkrieg ihren Kommentar ab, obwohl sie nichts zu sagen hatten. Amerikanische Generäle äußerten arrogant: »Wir haben diesen Morgen nur einen kleinen Helikopter abgeschossen. Gibt es noch Fragen?« Die Franzosen hatten einen ganzen Stab von ehemaligen Generälen und Admirälen, die die Formationen der Truppen in Sandkästen nachspielten. Auf die Frage, ob ein neuer Angriff zu erwarten sei, konnte man von einem solchen Experten die folgende geistreiche Antwort vernehmen: »Es gibt da zwei mögliche Hypothesen: Entweder wird es zu einem Angriff kommen oder nicht.« Ich hatte manchmal das beunruhigende Gefühl, daß wir Zuschauer besser informiert waren als George Bush oder Sadam Hussein.

Wie schätzen Sie die Lage im Irak jetzt ein?

Auch wenn man sich noch immer vor Sadams großem Waffenarsenal ängstigt, soll nicht vergessen werden, daß auch diese Waffen veralten und unbrauchbar werden. Ich finde, man sollte zukünftig darauf bestehen, daß alle Waffen bar bezahlt werden müssen. Wie Sie sich wohl noch erinnern, waren während des Golfkriegs die internationalen Flughäfen völlig verwaist. Irgendwie war das unfair für die Terroristen, weil sie von der Weltöffentlichkeit bei ihrer Arbeit beobachtet werden konnten.

Heute wird die Weltpolitik vor allem von der einzigen Supermacht, den USA, bestimmt, die auch großen Einfluß auf die Entscheidungen der UNO haben. Welche Rolle können Ihrer Meinung nach die kleinen Staaten in den Vereinten Nationen spielen?

Auch während des Kalten Krieges konnte man auf das diplomatische Geschick der kleinen Staaten nicht verzichten. Zum Beispiel meldete sich während der Suezkrise 1956 der isländische Botschafter in der UNO-Vollversammlung in New York zu Wort. Da er Kinderlähmung gehabt hatte, ging er sehr langsam nach vorne. Dadurch geriet die ganze Debatte über den Suezkanal ins Stocken. Als er beim Rednerpult angekommen war, sagte er ins Mikrofon: »Meine Damen und Herren, ich wollte Sie nur darauf aufmerksam machen: Da in dieser Krise Fisch keine Rolle spielt, wird die isländische Regierung auch keine besondere Stellung zur Suezkrise beziehen.« Dieser Einwurf wirkte äußerst entspannend auf die erhitzten Diskussionen. Das ist einer der Gründe, warum die kleinen Staaten immer wieder eine wichtige Rolle in den Vereinten Nationen spielen werden. Übrigens war von den Albanern während ihrer außenpolitischen Schwierigkeiten mit der Sowjetunion zu hören: »Die Chinesen und wir, das ist eine Masse von Menschen.«

ENTE VON ALBANIEN

Haben Sie Albanien einmal besucht?

Das war noch während des Kalten Krieges. In der albanischen Stadt Shkodër gab es ein Nationalmuseum. Die Albaner waren darauf bedacht, daß Ausländer die Exponate auch mit der nötigen Ehrfurcht betrachteten. Für einige Zeit wurde das Museum für Fremde sogar geschlossen, weil eine alte amerikanische Dame die impertinente Frage gestellt hatte, warum man denn Stacheldraht entlang der albanischen Grenze gezogen hätte. Man erklärte ihr, der Zaun solle albanische Kühe daran hindern, nach Weiden in anderen Ländern zu suchen. Als die ganze Reisegesellschaft laut auflachte, schloß Albanien als Strafmaßnahme drei Monate lang seine Grenze für alle Touristen. Ich war in der ersten Gruppe, die nach dieser Strafzeit wieder ins Land gelassen wurde.

Wie kam das?

Zufällig lag meine Segeljacht in Budva an der jugoslawischen Küste. Ich saß wie ein Strandguträuber im Café, als neunzehn Schweden an mir vorübergingen und riefen: »Will jemand mit nach Albanien fahren?« Es fehlte ihnen noch ein Passagier. Man durfte nur in einem Reisebus zu zwanzig einreisen. Also fuhr ich mit.
Wir besuchten das Nationalmuseum. Im Eingang stand eine fette ausgestopfte Ente. Ich fragte leichtfertigerweise: »Was ist denn das?« Und der Führer sagte mit ziemlich beleidigter Stimme: »Das ist unsere Ente!«
Dann wurden Kisten, gefüllt mit recht primitiven elektrischen Kabeln, ausgestellt. Ich wollte weiter wissen: »Und das?«
»Das sind Produkte unserer Schwerindustrie. Die anderen Sachen sind zu schwer, um hierher transportiert zu werden.«
Der Führer zeigte uns als nächstes verschiedene Glasflaschen. In einer Flasche wurde eine Fliege konserviert, in einer anderen schwamm ein Salamander. Wieder fragte ich: »Und das?«
»Das ist unsere Fauna!« wurde ich belehrt.
Im ersten Stock hingen schauderhafte neorealistisch-sozialistische Bilder. Auf einem riesigen Gemälde sah man einen alten Mann, dem sehr blonde und wohlbeleibte Nazis den Arm umdrehten. Im Vordergrund stand ein kleiner Junge. Der Titel des Bildes lautete: *Großvater verriet seine Freunde nicht.*
Im dritten Stock fand eine Art Pfadfinder-Gedächtnisübung statt. Auf einem großen Tisch lagen Militärstiefel ohne Schuhbänder und altmodische Männerunterhosen. Das Ganze erinnerte an ein

Kinderspiel zum Gedächtnistraining. Man deckt die Dinge zu und muß dann rasch aufschreiben, was man soeben gesehen hat. Die Wand war kunterbunt mit Fotos von unzähligen National-helden bedeckt. Sie schauten, als hätte man sie just im Augenblick ihrer Erhängung aufgenommen. Wegen der Unterbelichtung er-weckten sie den Eindruck, sie würden an Nasenbluten leiden.

Wieder erkundigte ich mich: »Was ist das?«

Der Mann schaute mich so schockiert an, als hätte ich in einer Ka-thedrale laut gepfiffen: »Das sind alles Gegenstände, die unsere heroischen Partisanen in ihrem mutigen Kampf gegen die Faschi-sten verwendet haben.«

Das war wohl die Schatzkammer des Museums …

Ja. Vom ersten Stock aus konnte man durchs Fenster auf der Straße kleine Pioniere mit blauen Uniformen und roten Krawat-ten marschieren sehen. Die albanische Version der Pfadfinder. Sie sangen ein albanisch-russisches Volkslied. Als die großen Schwe-den und ich das Museum wieder verließen, rief ein kleines Mädchen mit dem Finger in der Nase uns nach: »Faschisten!« Das kleine Ding scheint eine ständige Besucherin des Museums gewe-sen zu sein.

Humorlose Politiker?

Man hat gesagt, wenn der Charlie-Chaplin-Film Der große Diktator *in Deutschland früher gezeigt worden wäre, hätten die Leute Hitler vielleicht eher durchschaut ...*

Ich glaube, das trifft nicht zu, denn der Chaplin-Film ist doch eine komische Übertreibung. Aber wenn es damals schon das Fernsehen gegeben hätte, dann hätte Hitler sich wohl selbst entlarvt. Wenn der »Führer« Hitler und der »Duce« Mussolini auf dem kleinen Bildschirm erschienen wären, hätten die Leute rasch herausgefunden, welch groteske Gestalten die beiden im Grunde waren. Vielleicht wären sie dadurch weniger gefährlich geworden. Aus der Entfernung erschienen die Nazis, besonders bei den Parteitagen in Nürnberg, als kleine brüllende Figuren, die gerade dadurch, daß man sie nicht so genau sah, eine gewisse Aura umgab. Das Publikum wurde also beeindruckt, weil die Parteigrößen so weit weg waren.
Hitler und Mussolini waren für das Fernsehen überhaupt nicht geeignet. Sie waren auf ihre pompösen Auftritte vor den Massen angewiesen. Ich kann mir Hitlers Gespräche am Kamin nicht vorstellen, bei denen er, mit einem alten, schläfrigen deutschen Schäferhund zu seinen Füßen, den Deutschen mit ruhiger Stimme den Einmarsch in Polen erklären würde. Mussolinis wuchtige Gestalt kam nur auf seinem Balkon zu ihrer vollen Geltung. Ihre Stärke lag darin, daß die Massen sie nur aus der Ferne sehen konnten. Emotional wurde das Ganze von züngelnden Fackeln und schmetternden Fanfaren begleitet. Aus der Nähe betrachtet, hätten sie ihre gesamte Aura verloren. Das war ähnlich wie in der Hollywoodära, als man die Stars auch nur aus der Ferne anhimmeln konnte. Heute weiß jeder alles über jeden, und die ganze

Mystik von früher ist dahin und mit ihr die großen Stars im alten Hollywoodstil.

Das Fernsehen hat also etwas Entlarvendes ...

Der Bildschirm trennt die Spreu vom Weizen, man sieht sofort, wenn jemand lügt. Das Fernsehen brachte Senator McCarthy und Nixon zu Fall. Anderen Politikern ist es ähnlich ergangen, denn der Zuschauer findet sehr schnell heraus, wenn jemand die Unwahrheit spricht. In meinem Buch *Der Alte Mann und Mr. Smith* stiehlt der Teufel einen Fernsehapparat, um ihn in die Hölle mitzunehmen. Er meint, das Fernsehen würde sich für seine Arbeit besonders gut eignen. Fernsehen ist also in vielerlei Hinsicht ein sehr nützliches Medium.

LENINS BÜSTE

Andererseits haben die Kabaretts oft ihre stärksten Momente in politisch schwierigen Zeiten ...

Die Russen haben zur Zeit des Kommunismus sicher mehr gelacht als jetzt. Ein Kabarett muß sicher ein Ziel haben, das es angreifen kann. Vor dreißig Jahren in Moskau lachte man sehr viel, weil das Leben sehr schwierig war, wie die folgende Geschichte zeigt.
Einem alten Juden hatte man erlaubt, nach Israel auszuwandern. Er kam mit seinem Gepäck am Zoll im Scheremetjev-Flughafen an. Ein russischer Zöllner untersuchte das Gepäck und fand eine in eine »Prawda« gewickelte Büste von Lenin. Der Beamte wollte wissen, was das sei, und wurde vom Auswanderer belehrt: »Sie sollen nicht fragen, was das ist, Sie sollen fragen, wer das ist. Das ist Lenin, der uns den goldenen Weg zum Sozialismus und zum Paradies auf Erden gezeigt hat.«
Als er im Ben-Gurion-Flughafen in Tel Aviv ankam, stellte der israelische Zöllner eine ähnliche Frage.

»Sie sollen nicht fragen, was das ist. Sie sollen fragen, wer das ist. Das ist Lenin, dieser Schweinehund. Ihm verdanken wir schreckliche Dinge, er wollte uns auch nicht nach Israel auswandern lassen. Jetzt, da ich hier bin, würde ich die Büste am liebsten auf den Boden schmeißen«, lautete die Antwort.
Der Beamte wollte jeden Skandal vermeiden und schwieg.
Der Mann zog bei Verwandten ein, die er nicht kannte. Ein elfjähriger Junge sah ihm zu, wie er seinen Koffer auspackte: Erst kamen die Hemden, dann die Unterwäsche, schließlich die Leninbüste. Der Kleine wollte wissen: »Onkel, wer ist das?«
»Du sollst nicht fragen, wer das ist. Du sollst fragen, was das ist. Das sind acht Kilo Gold!«

POLITIK UND HUMOR

Fehlt es den meisten Politikern heute nicht an Humor?

Ja, sicher. Viele zeigen zwar im persönlichen Gespräch Humor, aber sie gehen damit doch vorsichtig um. Schon manch falsch verstandener Witz hat eine politische Karriere gefährdet. Ein Beispiel dafür ist der demokratische Präsidentschaftskandidat Adlay Stevenson, der vielleicht wegen seiner scharfen Zunge zweimal die Wahl gegen Eisenhower verloren hat. Als Botschafter der Vereinten Nationen hörte er sich einen Report über die großartige Arbeit katholischer Missionare in Papua an und meinte trocken: »Das heißt also, von nun an essen die Eingeborenen an Freitagen keine Fische mehr ...«
Dann fällt mir Ernest Bervin ein. Er war der uneheliche Sohn einer Hebamme und wurde nicht nur der mächtigste Gewerkschaftsführer Englands, sondern brachte es unter Premierminister Clement Attlee sogar zum Außenminister. Oft ist Humor in der Politik nicht von Vorteil.

Es sei denn, man hat das Format eines Churchill ...

Der allerdings hatte einen geradezu olympischen Sinn für Humor. Churchill ist überhaupt ein interessanter Fall. Man vergißt leicht, wie spät im Leben er Premierminister geworden war. In jungen Jahren galt er als unleidlich, bösartig und wurde oft schlecht behandelt.

Im Grunde dachte Winston Churchill wesentlich moderner als John Major. Als Frankreich zusammenzubrechen drohte, bot Churchill sofort ein englisches Bündnis an. Niemand hatte Einwände dagegen. Das war eine noble Geste, auf die die Franzosen nicht reagiert haben, weil die Deutschen zu schnell waren.

CHURCHILL

Die vielen Anekdoten, die es über Winston Churchill gibt, lassen sich kaum mehr zählen …

Churchill war bis zuletzt ein Kämpfer. Auch als er kaum mehr gehen konnte und von vier Leuten gestützt werden mußte, kam er immer noch ins Unterhaus. Eines Tages erschien er mitten in einer Debatte über Sozialbauwohnungen. Es verging ziemlich viel Zeit, bis er seinen Platz erreicht und sich unter Mühen gesetzt hatte. Zwei sogenannte Hinterbänkler unterhielten sich über diesen für sie peinlichen Auftritt.

»Er kann doch all die Berichte zu Haus lesen – bei einem Glas Brandy und einer fetten Zigarre. Sein Erscheinen hier ist geradezu makaber.«

Sein Kollege war der gleichen Meinung und fügte noch hinzu: »Man sagt aber auch, er ist nicht mehr ganz klar im Oberstübchen.«

Auf einmal drehte sich Churchill um und sagte laut und vernehmlich: »Man sagt auch, daß er sehr taub sein soll.«

Sollten sich mächtige Politiker vielleicht wieder Hofnarren im Sinne Shakespeares halten?

Die Hofnarren hatten früher eine wichtige Funktion. Schon Cäsar ließ es sich gefallen, daß man ihm einen Lorbeer über den Kopf hielt und ihm ständig zurief: »Vergiß nicht, daß du sterblich bist.«

Vor einigen Jahren war ich in London bei Hof zusammen mit allen noch lebenden Premierministern eingeladen, um über die Beziehung der Königin zu ihren jeweiligen Regierungschefs zu reden. Ich hatte die Texte sehr sorgfältig ausgewählt, und Gott sei Dank haben alle laut gelacht. Bei diesem Anlaß habe ich eindeutig die Rolle eines Hofnarren gespielt.

DIE EISERNE LADY

Wie haben Sie sich mit Margaret Thatcher verstanden, als sie noch in Amt und Würden war?

Mit Margaret Thatchers Politik war ich nie wirklich einverstanden. Plötzlich bekam ich zu meiner großen Verwunderung eine Einladung von ihr. Ich habe andere Premierminister gekannt wie Harold McMillan, James Callaghan, Edward Heath, bin aber nie von ihnen nach Downing Street 10 zum Essen eingeladen worden. Das Essen wurde zu Ehren der damaligen Präsidentin von Island gegeben, Frau Vigdís Finnbogadóttir. Mir fiel ein, daß ich zu einer Aufführung eines Stückes von mir im Nationaltheater nach Island gereist war. Damals war Vigdís Finnbogadóttir noch nicht Präsidentin, sondern Generalsekretärin des Nationaltheaters von Reykjavík.

Es ist eine Tradition beim Theater, daß der Autor des Stückes bei der Premiere am Rand sitzen muß, damit er schnell auf die

Bühne stürmen oder das Theater verlassen kann, je nach dem, ob das Stück zu einem Erfolg oder einem Reinfall wird. Man hatte mir einen Platz in der Mitte einer Reihe gegeben. Ich mußte also meine Karte bei Frau Finnbogadóttir umtauschen.

Sie fragte: »Was für einen Platz haben Sie?«

»L zwölf, das ist in der Mitte der Reihe.«

»Also ich habe K eins. Geben Sie mir L zwölf zurück, weil ich die Karten noch verkaufen kann.«

So spielte sich unsere einzige Begegnung ab, deren Bedeutung ich erst jetzt erkannte. Vigdís Finnbogadóttir wurde in der Zwischenzeit Präsidentin, und ein Krieg brach zwischen Island und Großbritannien wegen der Fischerei aus. Ganz kleine Kriegsschiffe waren nördlich der Arktis aneinandergestoßen. Man nennt diesen Konflikt heute den »Kabeljaukrieg«. Es war ein Probelauf für den Falklandkrieg.

Bis zu dem besagten Besuch waren alle Kontakte zu Island eingefroren gewesen, und dies war nun die allererste Auslandsreise ihres Lebens. Sie war nach London gekommen, um das zerschlagene Porzellan wieder zu kitten. Ich war wohl einer der wenigen Menschen, die sie außerhalb Islands kannte.

Daher stand ich bei diesem Mittagessen gar nicht auf der Liste Großbritanniens, sondern auf der isländischen Einladungsliste. Margaret Thatcher ist keine Frau, die mit ihren Überzeugungen hinterm Berg hält. Sie sah mich während des Essens scharf an, schluckte einen Bissen hinunter und fragte: »Was machen Sie denn hier?«

Frau Vigdís Finnbogadóttir kicherte: »L zwölf«, und ich antwortete: »Ja, und K eins.«

Endlich begriff Margaret Thatcher, warum ich in Downing Street war. Beim Dessert, das ihr besser zu schmecken schien, sagte sie auf einmal freundlich: »Warum sieht man Sie hier eigentlich nicht öfter?«

»Weil die Präsidentin von Island nicht so oft hierherkommt«, konterte ich.

Margaret Thatcher durfte als Premierministerin eigentlich keine

Geschenke annehmen. Einmal kam ich direkt vom Flughafen nach einem Flug aus Tokio mit einem japanischen geräucherten Lachs bei ihr an. »Damit Sie sehen, daß die Japaner uns nicht nur ökonomisch und elektronisch, sondern auch kulinarisch angreifen«, kommentierte ich mein Mitbringsel.
Sie sagte nur: »Sie sind ein unverbesserlicher Scherzbold. Bringen Sie den Fisch in die Küche.«

Wie beurteilen Sie den Thatcherismus im Rückblick?

Ich glaube, Margaret Thatcher ist in einem gewissen Sinn eine wohlmeinende Frau, die jedoch Fehler gemacht hat. Sie hatte sich vorgenommen, die Arbeiterklasse ganz aufzulösen. Ihr Ideal war eine Nation aus lauter kleinen Kapitalisten. Jeder sollte Aktien besitzen und ein bißchen Geld für einen neuen Wagen und ein neues Haus zurücklegen. Als sich der Wind drehte und das Geld knapp wurde, brach der ganze Wohlstand zusammen. Das Haus mußte verkauft, das Auto zurück zum Autohändler gebracht werden, und die Aktien waren nichts mehr wert. Alles war wieder beim Alten, nur, daß es den Leuten schlechter ging als vorher.
Und dann, was soll diese ganze Rückkehr zu den viktorianischen Werten? Gibt es nicht schon genügend Generationen malträtierter Kinder? Das vergißt man immer. Wenn man an die viktorianische Zeit denkt, meint man eine gewisse Ordnung in der Familie – unter dem Motto »Die Kinder muß man sehen, aber nicht hören«. Das ist wohl noch einer der harmlosesten Sprüche aus dieser Zeit. Eine Kindheit in der viktorianischen Zeit war etwas Schlimmes. Heute regen wir uns über die Kinderarbeit in Iran und Pakistan auf. Das war damals in England gang und gäbe.

TONY BLAIR, EINE MARIONETTE KOHLS

Während des letzten Wahlkampfes haben Sie ein Plakat der Tories öffentlich kritisiert ...

Ich fand diese Plakate ziemlich geschmacklos. Unter dem Motto »Wo richtige Männer gebraucht werden, darf man keine Knaben schicken« sah man einen riesengroßen Helmut Kohl mit Tony Blair auf seinem Knie abgebildet. Das Bild wirkte wie ein Bauchredner mit seiner Puppe. Als würde Tony Blair nur mit der Stimme Deutschlands sprechen. Am nächsten Morgen kam mit der Morgenzeitung ein Gegenangriff. Da sah man John Major ganz klein auf den Knien von Michael Portillo, dem Verteidigungsminister. Dieses Bild hat den etwas dümmlichen Witz dort hingebracht, wohin er gehört, nämlich in die Familie.

FARBLOSIGKEIT

Sind Sie auch mit John Major zusammengetroffen?

Ich war mit ihm zusammen in Kopenhagen beim Sozialgipfel. Er vertrat die Britische Regierung und ich UNICEF. Ich habe John Major aber weder gesehen noch gehört. Er ist so farblos, daß man ihn gerade deswegen übersah, weil er anwesend war. Nach achtzehn Jahren Regierung der Tories war ein Machtwechsel wirklich fällig.

SKANDALGESCHICHTEN

Früher schwebten die Windsors auf einer Wolke der Bewunderung und wurden so gut wie nie kritisiert. Heute vergeht kaum ein Tag ohne neuen königlichen Klatsch. Werden wir bald das Ende der Monarchie in England erleben?

Die Engländer lieben Skandale über alles, bei denen irgendeine bekannte Persönlichkeit ertappt wird. Niemand will auf solche Geschichten verzichten. Das gilt auch für alle diese Dramen mit der königlichen Familie. Viele sagen, das wäre das Ende der Monarchie. Ende der Monarchie? Die Engländer könnten überhaupt nicht ohne ihre königliche Familie leben. Sie mögen diesen Klatsch und Tratsch über alles. Als der Oberstaatsanwalt dabei erwischt wurde, wie er Prostituierte von seinem Auto aus ansprach, mußte er am nächsten Tag zurücktreten.

Die ganze Boulevardpresse lebt von solchen Enthüllungen …

In der Boulevardpresse scheint aus dem Recht auf Information ein Recht auf Lügenhaftigkeit, auf Schmutz und Unsinn geworden zu sein. Das heißt, man nimmt sich heraus, Leute bis ins Badezimmer zu verfolgen, wie es bei Uwe Barschel in Genf der Fall war. Wenn man etwas dagegen sagt, heißt es sofort: »Die Öffentlichkeit hat eben ein Recht darauf zu wissen, daß der deutsche Politiker mit seinen Kleidern tot in der vollen Badewanne lag, daneben eine Weinflasche …«
Auch beim Fall Waldheim war die Sensationslust für viele Journalisten ausschlaggebender als das Interesse an Information. In der amerikanischen Show *Larry King live* nahm ich Waldheim in Schutz. Larry King fragte mit leicht vorwurfsvoller Stimme, warum ich mit Kurt Waldheim zusammengetroffen sei. Ich antwortete ihm, das Ganze sei eine peinliche Geschichte, weil für die erhobenen Vorwürfe die Beweise fehlten. Die Aufregung sei wie das Gekläffe von Hunden in der Nacht, bei dem jeder nur belle, weil die anderen auch bellen.

Wie könnte man diese unersättliche öffentliche Neugierde und Sensationslust eindämmen?

Das scheint mir kaum möglich zu sein. Agatha Christie war da sehr viel diskreter, sie hat sich ihre eigenen Grenzen gesteckt. Aber seither ist das völlig anders geworden. Leider!
Jedenfalls konkurrieren da zwei Menschenrechte miteinander: Das Recht der Öffentlichkeit, informiert zu werden und der Schutz der Privatsphäre des Individuums. Welches ist wichtiger? Ich denke zum Beispiel an François Mitterrand zur Zeit der Vichyregierung während der deutschen Besatzung. Bevor man sein Verhalten kritisiert, sollte man daran denken, wie dürftig die Informationen damals waren. Unter heutigen Bedingungen würden die Unmenschlichkeiten der Nationalsozialisten ziemlich schnell publik werden. Anstoß erregte auch Mitterrands Privatleben. Ich für meinen Teil interessiere mich nicht für Mitterrands Freundschaften, sondern nur für meine eigenen. Wenn die Presse den Namen meiner Freunde erführe, würde ich bestimmt von allen Seiten kritisiert werden. »Was fällt Peter Ustinov ein, gerade mit Herrn oder Frau Soundso zu verkehren?«

KEINE EUROSKEPTIKER

Manche Kritiker sagen, Mitterrand habe sich von einem Sozialisten zu einem französischen König gewandelt ...

Ich bewunderte Mitterrand. Er war beinahe der einzige Politiker mit wirklichem Format, ein wahrer Staatsmann. Das ist heute eine Seltenheit. Dies fällt mir vor allem im Zusammenhang mit den sogenannten englischen Euroskeptikern auf. Churchill hätte diesen Politikern keine Chance gegeben. Er hätte sich mit dem

Sarkasmus, dessen er fähig war, über sie so lustig gemacht, daß es jedem vergangen wäre, Euroskeptiker zu sein.

Übrigens scheinen mir die beiden größten Befürworter Europas auf der Isle of Man zu leben. Diese Insel ist unabhängig von England, Schottland und Irland. Sie liegt mitten in der Irischen See. Dort lebt ein Mann, der zur Prügelstrafe verurteilt worden ist. Allerdings haben europäische Konventionen bis jetzt jedes Jahr verhindern können, daß die Strafe vollzogen wird. Ein anderer Mann ist ein Mörder und sollte eigentlich hingerichtet werden. Aber er lebt bei sich zu Haus und erkundigt sich einmal im Jahr, wie Europa diesmal entschieden hat. Er weiß, Europa wird auch weiterhin nein zu Todesstrafe und Birkenrute sagen. Außerhalb von Douglas, der Hauptstadt, befindet sich ein Ruheheim für müde Pferde. Es gibt 69 000 Einwohner. Sie haben ihre eigene Regierung, aber keine Parteien. Im gesetzgebenden Rat sitzen elf Mitglieder und in der Versammlung, dem »House of Keys«, sind vierundzwanzig Mitglieder. Das ist England für mich.

CAMP DIANA

Sind Sie auch Präsident Reagan begegnet?

Präsident Ronald Reagan lud meine Frau und mich anläßlich eines Staatsbesuchs von Prinz Charles und Prinzessin Diana ins Weiße Haus ein. Es war ein sehr feierlicher Abend. Man saß zu acht an kleinen Tischen. Nancy Reagan saß an meinem. Mitten im Gespräch über Blumen mit meiner intellektuellen Nachbarin hörte man Reagan mit dem Löffel gegen sein Glas klopfen. »Ich erhebe hier in unserem Weißen Haus mein Glas, um den wunderbaren Prinzen von Wales und seine schöne Prinzessin David zu begrüßen.« Meine Nachbarin hatte nicht genau verstanden: »Was hat er gesagt?«

»Nichts«, meinte ich, »er denkt nur schon an sein nächstes Wochenende in Camp Diana.«

Wegen Ihres Scharfblicks könnten Sie sicher auch verletzend sein.
Würden Sie soweit gehen wie Talleyrand, der einmal gesagt haben
soll: »Lieber einen Todfeind mehr als einen Witz, ein Bonmot weni-
ger.«

Es kommt immer darauf an, wie man etwas sagt. Ich denke nicht,
daß eine Satire immer verletzend sein muß. Manche Figuren in
meinem Buch *Der Alte Mann und Mr. Smith* sind zwar lächerlich,
aber ich tue damit niemandem weh. Da ist zum Beispiel mein
amerikanischer Präsident. Er wäre gar nicht in der Lage, jeman-
dem ein Haar zu krümmen, weil er sich ja niemals für irgend etwas entscheiden kann. Dabei dachte ich an George Bush. Er
wollte dauernd den schlechten Eindruck korrigieren, den er irgendwo hinterlassen hat. Da er ständig redete, hatte er sicher
längst den Überblick verloren, welchen schlechten Eindruck er
jeweils gerade verbessern sollte.

Über die Religion

Was hat Sie bewogen, Ihr Buch Der Alte Mann und Mr. Smith *zu schreiben, das in Deutschland zum Bestseller geworden ist?*

Das erste Kapitel habe ich geschrieben, weil mir die Idee, daß Gott ohne Gepäck in einem modernen Hotel absteigt, sehr komisch vorkam. Der liebe Gott und der Teufel haben sich in Washington verabredet, weil sie in Erfahrung gebracht hatten, Washington sei die bedeutendste Hauptstadt der Welt. Sie bemerken aber recht schnell, daß sie Fehler gemacht haben. Denn im Hotel weigerten sie sich, die beiden ohne jedes Gepäck aufzunehmen.
Als ich das aufgeschrieben hatte, legte ich das Manuskript zunächst in die Schublade. Lange überlegte ich, wie sich die Geschichte weiterentwickeln könnte. Und auf einmal war mir klar, ich wollte einen modernen *Candide* schreiben, wie einst Voltaire. In *Candide* untersucht Voltaire verschiedene Glaubenshaltungen. Aber ich habe auch an Samuel Johnson, den englischen Schriftsteller und Sprachforscher aus dem 18. Jahrhundert, gedacht. Besonders Leute wie Jesse Helms oder Senator Amato sollten ihm gut zuhören: »Patriotismus ist die letzte Zuflucht eines Schurken.«

EINE KARIKATUR?

Soll Ihr Buch die Religion karikieren?

Nein, natürlich nicht, sondern ich meinte es ernst. Wie bereits gesagt, meine Art, ernst zu sein, ist das Komische. Aber es hat mich erstaunt, daß ich auf so viele Theologenkongresse eingeladen worden bin. Ich sollte über mein Buch sprechen. Man muß also nicht alles tierisch ernst nehmen, um respektiert zu werden. Ich glaube, in meinem Buch finden sich gar keine Elemente der Karikatur. Ich schreibe nur, daß Gott sehr alt geworden ist. Er sagt selber von sich, er sei unsterblich, aber das ändert nichts an seinem biblischen Alter, das ihn auch vergeßlich werden läßt. Satan hingegen ist viel aktiver. Er nimmt die schmutzigen Zeitungen aus dem Misthaufen und liest sie. Gott würde so etwas nicht tun.

GOTT JENSEITS DER RELIGION

An einer Stelle Ihres Buches heißt es, daß Gott jenseits der Religion stehe. Wie meinen Sie das?

Die Hauptsache ist, daß Menschen überhaupt etwas anbeten. Daher ist es nicht wichtig, an was man glaubt, solange man glaubt. Man braucht nur in die Unendlichkeit der Natur zu blicken und zu bedenken, wie begrenzt das menschliche Wesen ist. Dann erkennt man, daß es etwas gibt, das größer ist als das Ich. Darin liegt meiner Meinung nach der ganze Sinn des Gottesdienstes. Er soll die Beziehung des Menschen zu der ungeheuren Kraft, die ihn umgibt, lebendig halten.
Der Agnostizismus erscheint verführerisch, weil er an die Intelligenz des Menschen appelliert. Aber wenn man wirklich gescheit ist und die Zusammenhänge der Welt erkennt, kommt man zu dem Schluß: Das alles kann unmöglich Zufall sein. Die Welt ist einfach zu schön, zu großartig, zu überwältigend. Ob man einen Baum, einen Vulkan oder einen Stein anbetet, wie es Animisten tun, oder Gott. Man betet immer etwas Abstraktes an. Und es ist noch viel abstrakter, zu einem unsichtbaren Gott zu beten, als zu einem sichtbaren Baum.

Und doch heißt es in den meisten monotheistischen Religionen, nur sie besäßen die Wahrheit …

So zu denken, halte ich auf jeden Fall für ein hoffnungsloses Unterfangen. Und ich kann auch nicht verstehen, warum jemand wie Sokrates weniger geachtet werden sollte, nur weil er zufällig vor Jesus Christus zur Welt kam. Für mich ist dieser Philosoph einer der eindrucksvollsten Geister überhaupt. Natürlich wurde Sokrates von einer Zeit geprägt, die man heute heidnisch nennt.

ES ZÄHLEN DIE TATEN

Zu manchen Zeiten war es ja fast lebensgefährlich, die offizielle Glaubenslehre in Frage zu stellen ...

Wenn man die Religionsgeschichte betrachtet, dann ist es erschreckend, wie viele Menschen umgebracht oder gefoltert wurden, nur weil sie einem bestimmten Glauben anhingen. Auf der anderen Seite haben Menschen immer wieder schreckliche Verbrechen verübt, ohne daß man sie belangen konnte. Sie waren eben zu mächtig. Zugleich hat man sich nicht gescheut, Leute auf die Streckfolter zu spannen, weil man sie eines falschen Denkens bezichtigte. Ich finde, man sollte Menschen nach ihren Taten, nicht aber nach ihrem Denken beurteilen.

TUGEND

Spielt die Religion eine Rolle in Ihrem Leben?

Religion nicht, die Tugend schon. Warum muß man an die Folklore glauben, um sich anständig zu benehmen? Ich glaube an alle möglichen Dinge, sogar an Patriotismus, so lange, bis die Überzeugungen sich nicht gegen Außenstehende richten. Wir müssen unsere Entscheidungen in erster Linie vor uns selbst verantworten können. Die Vorstellung der Erbsünde halte ich für problematisch. In unserer Zeit ist es auch schwer nachzuvollziehen, warum die Frauen in der katholischen Kirche weiterhin eine so untergeordnete Rolle spielen müssen.

Bei einem UNICEF-Malwettbewerb in Irland sollten Kinder Bilder von der Heiligen Familie auf der Flucht nach Ägypten malen. Alle Kinder malten als Transportmittel wie gewohnt einen Esel. Nur der kleine Sean zeichnete Josef, Maria und das Kind, den Esel und noch einen Mann in einem Flugzeug sitzend. Als die Lehrerin wissen wollte, wer das sei, klärte sie der Junge auf: »Das ist Pilatus, der Pilot.«

MIT UND OHNE KREUZ

Sie sagten, Humor und Religion vertragen sich oft nicht. Liegt das auch an mangelnder Toleranz und daran, daß sich viele Kirchenleute zu wichtig und zu ernst nehmen?

Von der Kanzel predigt man zwar Toleranz, verhält sich im täglichen Leben aber oft völlig anders. Wenn es in Ländern wie in Nordirland zu einem Gewaltausbruch zwischen Katholiken und Protestanten kommt, sagen alle Kirchenleute: »Das ist ja schrecklich, das muß endlich aufhören.« Aber trotzdem geschieht es, in ihrem Namen, im Namen der Kirchen, weiter. Das finde ich monströs. Das hat natürlich überhaupt nichts mit Religion zu tun. Nebenbei: 1941 verkörperte ich in dem Film *One of Our Aircraft is Missing* einen holländischen Priester. Es war ein Propagandafilm, in der die Besatzung eines Bombers über Dänemark abgeschossen und von der Widerstandsbewegung gerettet wird. Die Filmgesellschaft hatte als wissenschaftliche Berater zwei holländische Priester engagiert, die in London im Exil lebten. Ihre Beraterfunktion übten sie abwechselnd aus. Die beiden waren sich völlig uneins, ob ich ein Kreuz tragen sollte oder nicht. Dieses Schisma hatte zur Folge, daß jede Szene, in der ich vorkam, zweimal gedreht werden mußte, mit und ohne Kreuz. Dieser kirchliche Streit wirkte sich vorteilhaft auf meine persönliche Finanzlage aus.

FÜNF RABBINER

Warum haben die Juden einen so ausgeprägten Sinn für Humor?

Das hängt wohl mit ihrem tragischen Schicksal zusammen. In besagtem Buch habe ich auch über fünf Rabbiner in Israel geschrieben, die herausfinden wollen, ob Gott Jude ist. »Ich bin kein Jude«, sagt Gott zunächst, um dann doch einzugestehen, daß er »unter anderem« auch Jude sei. Schließlich fragt Gott die Rabbis, ob sie sich noch der allerersten Beleidigung entsinnen könnten, die ihrem Volk widerfahren sei. Sie erwidern: »Nein, das können wir nicht, aber trotzdem werden wir sie bestimmt niemals vergessen.«

Apropos, einmal waren zwei Schweizer Älpler in ein metaphysisches Gespräch vertieft. Und statt sich Gedanken darüber zu machen, ob es ein Leben nach dem Tod gibt, fragte der eine den anderen: »Glaubst du, daß es ein Leben über den Bergen gibt?«

KEIN TENNIS MIT DEM PAPST

Zwischen 1993 und 1994 waren Sie an einer sechsteiligen Serie über den Vatikan für eine kanadische Fernsehgesellschaft beteiligt …

Als ich nach Wien zur Präsentation dieser Sendung reiste, wollte ein Journalist von mir wissen: »Herr Ustinov, Sie sind zweimal geschieden und dann noch Protestant. Warum hat der Vatikan gerade Ihnen erlaubt, diesen Film zu machen?«

Ich antwortete: »Wahrscheinlich gerade darum!«

Ich war beeindruckt, was für ein ehrwürdiger Ort der Vatikan ist. Trotzdem ist auch dort die moderne Welt eingedrungen. Man denke an die Krise der Ambrosianabank. Der Vatikan war damals ziemlich ahnungslos, was zeitgemäßes Geschäftsgebaren betrifft, obwohl die Finanzen meist in den Händen amerikanischer Kardinäle lagen. Es ist anzunehmen, daß sie von Geschäften doch noch etwas mehr verstehen als ihre afrikanischen Mitbrüder. Der Erzbischof Paul Marcinkus wurde zu einem Schnellkurs für Finanzführung auf die Universität in Chikago geschickt, um sich in die Geheimnisse von Wall Street einweihen zu lassen. Ich sehe den geistlichen Herrn mit Käppchen und Brustkreuz vor mir, wie er sich unter all den jugendlichen Studenten zu Wort meldet: »Ich möchte mich bei den anderen Hörern entschuldigen, aber mir ist da noch etwas unklar … Heißt das: Ich stecke die Aktien von einer Schachtel in die andere?«

Auch die Telefonvermittlung im Vatikan mit ihren Nonnen ist recht modern. Im Sommer, wenn sich die Ventilatoren drehen, flattern die Schwesternhauben. Man kann dann besser erkennen, welche Schwester welches Gespräch verbindet. Wenn man von außen anruft und zum Beispiel nach Kardinal Berlusconi fragt, so es ihn gibt, antwortet eine weibliche Stimme: »Pronto … uno momento.« Und schon ertönt ein engelhaftes Ave Maria, bis Kardinal Berlusconi gefunden ist.

Sind Sie im Vatikan auch mit Papst Johannes Paul II. zusammengetroffen?

Wir unterhielten uns über dies und das. Der Papst sprach in holprigem Russisch, und ich habe die vier Worte, die ich auf polnisch weiß, einige Male wiederholt. Als ich weiter nach London fuhr, erwartete mich eine Nachricht, ich solle dringend den Bischof John Magee, den päpstlichen Sekretär, anrufen. John Magee ließ mich wissen: »Der Heilige Vater hat mich benachrichtigt, wenn Sie das nächste Mal nach Rom kommen, sollen Sie auf keinen Fall Ihren Tennisschläger vergessen.« Ich dachte schon, der Heilige Vater wollte mir durch den Tennisschläger die Beichte abnehmen.

Mr. UNICEF

Kinder scheinen Ihnen sehr am Herzen zu liegen. Schon seit langer Zeit setzten Sie sich für UNICEF ein ...

Das ist nun schon mehr als zwanzig Jahre her. Ich leitete zunächst im Odéon-Theater in Paris eine Show für UNICEF. Danach fragte ich mich, warum bringt man überall gerade dieser Organisation soviel guten Willen entgegen? Diese Show hätte kein privater Impresario auf die Beine stellen können. Für mich wurde es ein ungewöhnlicher Abend. Es begann mit einem polnischen Volksballett, es wurden Bergsteigertänze vorgeführt, mit Federn und Äxten. Gleich zu Beginn zerschnitt ein Tänzer die Schnur meines Mikrofons. Ich war daher gezwungen, während des ganzen Abends zu brüllen. Danach war ich zwar ein glücklicherer, aber auch ein heiserer Mann.

Später leitete ich noch verschiedene UNICEF-Shows, bis ich schließlich Botschafter von UNICEF wurde. Ich brauche ein gewisses Maß an Idealismus für mein Leben, sonst könnte ich auch nichts anderes schaffen.

EIN TROPFEN IM OZEAN

Was kann Ihre Arbeit bei UNICEF bewirken?

Ein deutscher Journalist wollte einmal von mir wissen, ob ich sicher sei, daß meine Arbeit nicht mehr als ein Tropfen auf einem heißen Stein sei. Ich antwortete ihm, nein, es ist ein Tropfen im Ozean, und der geht nicht verloren. Die UNICEF-Botschafter versuchen den Arbeitern vor Ort das Gefühl zu geben, daß man ihre aufopfernde Arbeit zu würdigen weiß. Auch die unvergeßliche Audrey Hepburn half UNICEF. Es gibt viele Aufnahmen wie in Äthiopien, wo man sie mit kleinen Babys im Arm sieht. Dafür eigne ich mich nicht. Wenn die Säuglinge mich anschauen, glauben sie auf den ersten Blick, ich könnte ihnen Milch geben. Aber dann werden sie natürlich rasch enttäuscht.

Finden Sie neben Ihren vielen anderen Aktivitäten wirklich noch genügend Zeit für Ihre Aufgabe als Botschafter von UNICEF?

Jedenfalls bin ich nicht wie ein Taxifahrer, der sein Taxometer laufen läßt, um das festzustellen. Auf Reisen nehme ich stets Kontakt zu den nationalen Büros auf. Wie zum Beispiel in Deutschland. Dort gibt es sehr großzügige Spender, und ich halte Schecks mit großen Beträgen für drei Minuten in der Hand, um sie weiterzugeben. Das nenne ich eine Prüfung für die Standhaftigkeit des Charakters!
Als ich vor einigen Jahren in Köln mit dem Zug ankam und zu meinem Hotel in der Nähe des Bahnhofs gehen wollte, sagte auf einmal eine Prostituierte zu mir: »Ach, Sie sind doch Herr Unicef.« Als ich sie erstaunt ansah, fuhr sie fort: »Ach, ich meine Herr Ustinov. Jeder kann sich mal irren.« Sie erzählte mir, sie habe eine Tochter, vor der sie ihren Beruf verheimliche. Wenn sie eine gute Woche hätte und etwas Geld übrig bliebe, würde sie gemeinsam mit der Tochter an UNICEF spenden. Ich finde diese Geschichte beinahe biblisch.

IM LÄCHELN UND IM LEIDEN GLEICH

Sie kommen mit den unterschiedlichsten Kulturkreisen in Berührung. Finden Sie, daß Kinder einander überall ähnlich sind?

Ich stelle immer wieder fest, wohin ich auch reise, von Deutschland bis hin zum fernen Tibet, wie ähnlich sich die Menschen sind. Selbst wenn man ihre Sprache nicht versteht, bleibt noch das Lächeln. Kinder auf der ganzen Welt lächeln gleich. Es gibt doch viel mehr verbindende als trennende Elemente unter den verschiedenen Kulturen.

Andererseits, es gibt auch eine sehr dramatische Form von Kindheit, die von Armut und Sorgen belastet ist. Kinder ähneln sich im Lächeln und im Leiden. Es ist erschreckend, wie schnell sie unter solchen Umständen gezwungen sind, erwachsen zu werden. Man kann das in Guatemala, in Vietnam oder in Rußland erleben. Besonders in Afrika gibt es Familien, die nur noch aus kleinen Kindern bestehen, ohne Väter und Mütter. Da gibt es dann achtjährige Buben, die rauchen bereits und haben die Allüren eines Großen angenommen. Sie müssen Geld verdienen und wie Väter für den Unterhalt der Familie sorgen. So ein Kind wird leicht hart und begegnet dem Leben ohne jede Illusion. Um diese Themen ging es auch beim Kindergipfel 1990 in New York.

KINDERGIPFEL IN NEW YORK

Es besteht die Gefahr bei solchen Gipfeltreffen, wie beim Umweltgipfeltreffen in Rio oder beim Frauengipfel in Peking, daß den vielen wohlgemeinten Absichtserklärungen nur wenig Taten folgen ...

Mich hat in New York besonders die Einstellung der Kinder, mit denen ich mich unterhielt, beeindruckt. Viele Erwachsene gaben sich zynisch. Die Kinder waren das, trotz ihrer recht skeptischen Einstellung, nicht. Das zeigt, daß Kinder im Grunde oft reifer und verantwortungsbewußter sind als Erwachsene. In einer Schule in einem ärmlichen Teil New Yorks, die ich besuchte, schütteten mir die Schüler ihre Herzen aus. Sie meinten, bei dem Gipfeltreffen habe man wohl aus den Augen verloren, daß es in New York ähnliche Zustände gebe wie in der sogenannten Dritten Welt.

Ein kleiner Junge aus Ecuador erzählte: »Es gibt jetzt neuerdings eine Firma, die verkauft kugelsichere Spielkleidung für Kinder.«

Da kann man sich fragen, ob es bald auch kugelsichere Windeln geben wird. Dann sagte er etwas Unglaubliches: »Wissen Sie, wir haben unter uns Schülern neulich besprochen, daß wir mehr mit Kindern in Saudi-Arabien oder im Irak gemein haben als mit unseren eigenen Eltern.«

Ein kleines schwarzes Mädchen fügte hinzu: »Wenn ich sehe, wie meine eigenen Eltern Drogen nehmen, weiß ich, daß es falsch ist. Aber es ist nicht meine Aufgabe, es ihnen zu sagen. Das einzige, was ich tun kann, ist, mich nicht so zu benehmen, wenn ich einmal Kinder haben werde.«

All diese Kinder nahmen sich vor, es später mit ihren eigenen Kindern besser zu machen. Vielleicht habe ich als Kind ähnlich gedacht. Trotzdem war ich erstaunt, mit welcher Weitsicht diese Kinder gemeinsam über das Leben nachdachten.

WALTER MITTY

Sie waren doch für UNICEF in Tibet und in China unterwegs?

Meine Mission dauerte drei Wochen. In China wurde ich zu einer Art Walter Mitty, dem kleinen grauen Männchen, das sich in seiner Phantasie in einen Helden verwandelt und Probleme bewältigt, an denen andere gescheitert sind. In einem chinesischen Dorf sah ich, wie man die Kinder mit Pillen gegen Kinderlähmung impfte. Ein älterer Chinese, der ziemlich furchterregend aussah, versuchte, ihnen die Pillen mit einer silbernen Pinzette in den Mund zu stecken. Die Kinder ließen sich das nicht gefallen und begannen wütend zu schreien. Als das Heulen kein Ende nehmen wollte, bat ich den Chinesen, ihm beim Verteilen des Impfstoffes helfen zu dürfen. Ich legte die Pille auf einen grünen Plastiklöffel. Da hörten die kleinen Chinesen auf, sich zu wehren und schluckten brav ihre Medizin hinunter. Grün hat bekanntlich eine beruhigende Wirkung, und ein Löffel wirkt kaum wie eine gefährliche Waffe. Die Kinder, die dann an die Reihe kamen, schauten nicht einmal mehr hin, was ihnen da in den Mund gesteckt wurde. Der alte Chinese blickte mich an, als hätte ich das mit Hilfe eines bösen Geistes vollbracht.

Doch dieses kleine Wunder basierte auf eigener Erfahrung. Jedesmal, wenn sich mein Zahnarzt mit einem verdächtig silbrig schimmernden Gegenstand meinem Mund nähert, würde ich am liebsten wie die chinesischen Kinder aus vollem Hals schreien. Leider bin ich aber zu alt für solche natürlichen Reaktionen.

BELLENDE KINDER

Gelingt es Ihnen auch mit Kindern, deren Sprache Sie nicht sprechen, in Kontakt zu kommen?

Wenn ich auf meinen Reisen für UNICEF vor Kindern spreche, denke ich an meine eigene Schulzeit in Westminster zurück. Damals mußte ich meine Fingernägel schneiden, die Haare kämmen, mich ordentlich anziehen, weil irgendein Langweiler gekommen war, um in unserer Schule eine Rede zu halten. Nach wenigen Sätzen übermannte uns, schön gekleidet wie wir waren, eine lähmende Müdigkeit. Nun fahre ich nach Kenia, Thailand oder Tibet und sehe gestriegelte und geschniegelte Kinder mit Schleifen im Haar. Fast in allen Kulturen leben Hunde mit Menschen zusammen. Daher beschloß ich, anstatt einige Sätze Suaheli oder Thais auswendig zu lernen, mich in einen Hund zu verwandeln.

Auch in Tibet gibt es Hunde. Sie sind so groß, daß man sie auf den ersten Blick für kleine Pferde halten könnte. Gefährlich werden sie nur, wenn man sie angreift. Aber wer ist schon so verrückt, sich mit einem Hund in Pferdegröße einzulassen. Als ich den vielen tibetischen Kindern gegenüber stand, bellte ich, statt zu sprechen. Die Kinder waren alle furchtbar verschreckt. Plötzlich überzog ein Leuchten ihre Gesichter, ihnen war aufgegangen, daß ich für einen Hund zu sehr bekleidet war. Da begannen sie zurückzubellen. Dann wurden sie immer vertrauensvoller und krabbelten zu zehnt auf meinem Rücken herum. Als mir die Zutraulichkeit zuviel wurde, verwandelte ich mich in eine Katze mit krummem Rücken. Die Kinder verstanden sofort, was dieser Katzenbuckel besagen sollte, und kletterten wieder herunter.

Sie haben für solche Fälle sicher ein ziemliches Repertoire auf Lager …

Zum Beispiel das Auto von Al Capone, die Scheibenwischer auf einer trockenen Windschutzscheibe, oder ich spiele in einem alten Bogart-Film. In China hatte ich eines der merkwürdigsten Erlebnisse überhaupt. Chinesische Kinder sind besonders reizend anzusehen. Auffallend ist ihre unbewußte Beziehung zu Dingen, die sich außerhalb ihrer Hör- oder Sehweite befinden. Ich versuchte in einem Ort in der Quanzu-Provinz, einer der ärmsten Gegenden Chinas, eine Taube darzustellen. Der poetische Anblick der chinesischen Kinderschar hat mich sicher zu dieser Darbietung inspiriert. Ich gurrte und schlug wie eine Taube an, dann flog ich los. Da drehten sich vierhundert Kinderköpfe, um den Flug der imaginären Taube zu beobachten.

UNPARTEILICHKEIT

Gelingt es UNICEF als humanitärer Organisation, in den verschiedenen Konflikten wirklich politisch unabhängig zu bleiben? Sie sollte doch unpolitisch, über allen Religionen stehend und unparteiisch wie das Rote Kreuz sein.

Man verwechselt oft die Arbeit der Mitarbeiter der Vereinten Nationen mit den Entscheidungen des Sicherheitsrates und der Generalversammlung. Was dort passiert, ist wie das Schaufenster eines Geschäftes. Jeder kann es sehen und seine Meinung äußern. Die Arbeit der verschiedenen Organisationen spielt sich im Inneren des Geschäftes ab und wird viel weniger zur Kenntnis genommen. Als die USA noch sehr antikommunistisch eingestellt war, sagte ich einmal: »Die Amerikaner meinen, UNICEF ist ein Bulgare und UNESCO ein Rumäne.« Beide Burschen hätten nichts Gutes im Sinn.

Die Unabhängigkeit von UNICEF ist gefährdet. Es besteht eine große Gefahr, daß sie zum Spielball des Sicherheitsrates wird. Die Amerikaner, die Engländer und die Franzosen sind trotz innerer Spannungen immer auf der gleichen Seite. Der Sicherheitsrat, der leider immer noch das Vetorecht hat, ist sehr verwundbar.

Ich fand zum Beispiel die ganze Aktion des Golfkrieges sehr zweifelhaft. Mit dem Geld eines einzigen Flugzeugs könnten die WHO und UNICEF alle ihre Impfkampagnen finanzieren. Ich erfuhr erst von Jim Grant, dem Exekutivdirektor von UNICEF, daß man plante, die verschiedenen UNO-Organisationen aus Bagdad abzuziehen. Er fragte mich, ob ich einen Appell an Sadam Hussein unterstützen würde. Man solle ihn wissen lassen, UNICEF könne unter der Bedingung, daß er den Krieg beende, zurückkehren. Ich weigerte mich und sagte, wir hätten niemals unseren Posten im Irak verlassen dürfen.

Nach der UNO-Charta sollen die humanitären Organisationen der gesamten Menschheit helfen. UNICEF ist wie eine Arche, die alle, die in Seenot geraten sind, rettet, ohne zu fragen, woran sie glauben oder welcher politischen Partei sie angehören. Vor allem wird niemand wieder ins Wasser zurückgestoßen, wenn er sich zu erkennen gegeben hat. Heute sind mehr als die Hälfte aller Flüchtlinge Kinder.

Hat Ihrer Meinung nach die UNO an Glaubwürdigkeit verloren?

Bei einigen arabischen Ländern, die Sadam Hussein nicht unterstützen, hat sie wegen ihrer Parteilichkeit an Kredibilität verloren. Wenn die UNO sich so verhält, dann hat sie ihren Zweck verfehlt. Im chinesischen Krieg hat UNICEF Mao Tse-tung und Tschiang-Kai-schek mit Medizin und Nahrungsmitteln unterstützt. Die

Chinesen haben das niemals vergessen. Das wurde mir bei einem Besuch für UNICEF deutlich. Auch im Biafrakrieg waren sie auf beiden gegnerischen Seiten, der von Nigeria und der von Biafra. Sie wurden von den Nigerianern gerufen, beim Aufbau des Landes zu helfen. Die UN-Organisationen müssen unabhängig von den Entscheidungen des Sicherheitsrates bleiben. Entweder sollen sie den verschiedenen Seiten eines Konfliktes helfen oder sich völlig heraushalten.

Globetrotter

Durch Ihre häufigen Reisen kennen Sie auch den Fernen Osten gut.
Was wird Ihrer Meinung nach aus Japan?

Ich glaube nicht, daß dieses Land zu einer westlichen Karikatur
wird. Es wird ihm gelingen, seine Identität zu bewahren. Die Japaner gehen ihren eigenen Weg. Länder wie Korea und Taiwan
kopieren sie bereits – für weniger Geld. Das Problem der Japaner
besteht darin, daß sie sich selbst wie eine koloniale Nation be-
handeln.
Die Annäherung an die amerikanische Kultur vollzieht sich nur
an der Oberfläche. Die Japaner wollen sich auch nicht zwingen
lassen, amerikanische Autos von minderer Qualität zu kaufen,
auch wenn die Amerikaner das nicht gerne hören. Es soll vorgekommen sein, daß Japaner Hühnerbeine in Autotüren einmon-
tiert gefunden haben. Das waren Überbleibsel von Lunchpaketen
amerikanischer Monteure.

Wie kamen Sie persönlich mit den Besonderheiten der japanischen
Kultur zurecht?

Ich mußte einmal in Osaka eine Rede statt des erkrankten Hoch-
kommissars für Flüchtlinge halten. Meine Frau begleitete mich.
Als wir in Tokio ankamen, erhielten wir von unserer japanischen
Kontaktperson genaueste Verhaltensregeln: »Sie müssen morgen
früh um Punkt acht mit Ihrem Gepäck in der Hotelhalle sein. Das
heißt, Sie müssen – wenn man die Entfernung vom Lift zum Ausgang in Betracht zieht – um 7 Uhr 47 mit dem Lift in der Halle an-
kommen. Sie müssen also um 7 Uhr 39 einsteigen. Der Gang von
Ihrem Zimmer im sechzehnten Stock zum Lift ist ziemlich lang.

Das bedeutet, Sie müssen Ihr Zimmer um 7 Uhr 29 verlassen. Wir werden Sie daher um 7 Uhr 24 anrufen, um Ihnen mitzuteilen, daß Ihnen noch fünf Minuten zur Verfügung stehen.« Meine Frau, die Französin ist und wenig von preußischer Pünktlichkeit hält, befand sich am Rande eines Nervenzusammenbruchs.

Wir nahmen den Schnellzug nach Osaka. Ich bin mit diesem Zug schon viermal gefahren, und jedesmal sagte unsere Begleitperson: »Eigentlich sieht man hier den Fudjijama, aber heute ist die Sicht schlecht.« Als wir in Osaka ankamen, sagte der japanische Delegierte des Flüchtlingskommissariats zu mir: »Wir haben fünfundvierzig Minuten für Ihre Rede reserviert.« Ich wandte ein: »Ich kann doch nicht fünfundvierzig Minuten über Flüchtlinge sprechen. Die Leute werden sich langweilen.« Also redete ich nur sechsundzwanzig Minuten, nicht wissend, daß der Zeitplan bereits um neunzehn Minuten überschritten war. Man fragte mich erstaunt: »Woher haben Sie das nur gewußt?«

War damit die Feierlichkeit beendet?

Nein, nun sprach ein japanischer Redner. Erst hörte ich nur merkwürdige Geräusche. Endlich funktionierte die englische Simultanübersetzung. Eine Dolmetscherin sprach. Sie war so intuitiv begabt wie viele der UN-Übersetzer, die ihre Redner so gut kennen, daß sie sie manchmal überholen. Sie übersetzen dann Worte, die noch gar nicht gesprochen wurden, weil sie erahnen, was der Sprecher als nächstes sagen könnte.

Übrigens habe ich als junger Soldat von einem deutschen Offizier des Widerstandes, der sich nach England abgesetzt hatte, folgende Begebenheit gehört. Er war dabei, als Wjatscheslaw Molotow 1939 nach Berlin kam, um den deutsch-sowjetischen Nichtangriffspakt zu unterzeichnen. Hitler hielt wie immer eine viel zu laute Rede, die fast eine Stunde dauerte. Molotow stand alleine mit seinem Übersetzer in einer Ecke und ließ sich Hitlers Worte übersetzen. Der deutsche Offizier verstand Russisch und hörte zu. Auf einmal wurde er sehr aufgeregt: »Herr Molotow, ich habe die Ehre, Ihre

Sprache zu kennen. Mir fällt auf, daß Ihr Übersetzer etwas anderes sagt als der Führer. Er scheint gar nicht gut Deutsch zu verstehen.«

Molotow zwickte dem Übersetzer fast zärtlich in die Backe und meinte: »Das spielt keine große Rolle. Er ist jung und kann noch lernen.«

Den Russen war es ganz gleichgültig, was Hitler wirklich gesagt hat. Als man Stalin fragte, ob er Englisch verstünde, meinte er: »Nur wenn es ums Geld geht.«

DER CHINESISCHE DOLMETSCHER

Haben Sie mit Dolmetschern auch solche Erfahrungen gemacht?

Ich persönlich nicht, aber mir fällt die Geschichte eines chinesischen Dolmetschers ein. Ein alter englischer Diplomat befand sich am Ende seiner Karriere. Er war kein sehr brillanter, aber ein freundlicher alter Herr. Als Doyen des diplomatischen Corps oblag es ihm, den neu ernannten chinesischen Botschafter zu begrüßen. Er war ein hochgewachsener Nordchinese. Sein Dolmetscher stammte aus dem vietnamesischen Grenzgebiet und war von kleiner Statur.

Auch jemand, der des Chinesischen nicht mächtig war, konnte leicht feststellen, daß die Kommunikation zwischen den beiden gestört war. Worüber sie sich unterhielten, wurde nicht auf englisch übersetzt. Schließlich verschwanden die zwei Chinesen hinter einem Paravent. Der Botschafter fertigte in Windeseile ein Aquarell von einer Teetasse an und schickte den Dolmetscher damit in die Küche. Beide Botschafter blieben zurück und lächelten sich diplomatisch und nichtssagend an. Nachdem der Tee gebracht worden war, begann der englische Botschafter mit der Begrüßung: »Können Sie bitte Seiner Exzellenz sagen, wie groß meine Freude ist, den Herrn Botschafter hier willkommen zu heißen. Ich bin davon überzeugt, daß sich die zukünftigen Bezie-

hungen zwischen unseren beiden Staaten noch vertiefen werden.«
Nach einem kurzen Austausch auf chinesisch ließ sich der Dolmetscher wieder hören: »Der Botschafter will wissen, ob Ihnen
Freitag recht wäre.« Es kann sein, daß durch diese Form der Übersetzung schon etliche internationale Konflikte vermieden werden
konnten.

GRENZERFAHRUNGEN IN KUALA LUMPUR

Sind Sie mit Ihrer One-man-show auch in Südostasien aufgetreten?

Ich machte 1992 eine Gastspielreise durch Südostasien. Es war,
wie man es in Geschäftskreisen nennt, eine »Package-Tour«. Ich
spielte drei Abende in Hongkong, drei Abende in Singapur, da-
zwischen lag ein Abend in Kuala Lumpur. Ich wußte nicht, daß es
dort kein Theater gibt. Die Aufführung sollte im Ballzimmer des
Concorde Hotels stattfinden, das nicht gerade zu den ersten
Adressen am Platz zählt. Die Leute zahlten 200 US-Dollar für das
Abendessen. Ich war die Nachspeise. Man stellte mir einen Um-
kleideraum zur Verfügung und versicherte mir, daß es dort besonders leise sei. Das Zimmer war zwar weit weg vom Restaurant,
dafür aber ganz nahe bei der Küche. Alle orientalischen Küchen
zeichnen sich durch einen hohen Lärmpegel aus ...
Als ich in Kuala Lumpur ankam, hielten mich die Grenzbeamten
an und verlangten nach meiner Arbeitsgenehmigung. Da ich
keine hatte, mußte ich meine Papiere dalassen. Kurz vor meinem
Auftritt bekam ich meinen Paß mit folgender Eintragung zurück:
»Erlaubnis, einen Abend als Komiker in einem Hotel-Ballsaal aufzutreten. Es ist ausdrücklich verboten, sich unter das Publikum zu
mischen oder irgend jemanden zum Tanzen aufzufordern.«
Als ich wissen wollte, was diese Verordnung bedeute, erhielt ich
von den malaysischen Autoritäten folgende Information: »Es tut
uns leid, aber wir mußten die Maßnahme ergreifen, um die Aktivitäten herumreisender Prostituierter zu stoppen. Leider gibt es

keine besonderen Vordrucke für Sie. Da Sie eingereist sind, fallen Sie unter diese Kategorie.«

VERBRECHERFOTO

Grenzbeamte lassen sich wohl auf der ganzen Welt von einer ähnlichen Logik leiten ...

Das wurde mir erneut klar, als ich von Wien nach München unterwegs war. Die Sonne schien, die Fahrt verlief völlig reibungslos, bis ich an der deutschen Grenze angehalten wurde. Der Zöllner verlangte höflich meine Reisedokumente. Als er einen Blick in meinen Paß warf, brüllte er mich plötzlich in einem Ton an, der mich an die schlechte alte Zeit erinnerte: »Parken Sie Ihren Wagen dort drüben und erscheinen Sie augenblicklich in meinem Büro. Ich behalte Ihren Paß!« Seit dem Reichstagsbrand hatte ich ein solches Gebrüll nicht mehr vernommen.

Das Benehmen des Zöllners brachte mich in Rage. Ich fuhr mit lautem Motor zum Parkplatz, schmiß die Autotür zu.

Doch da kam der Beamte bereits völlig verändert aus dem Zollhaus zurück. Mit freundlichster Stimme gab er mir meinen Paß zurück: »Ich wünsche eine gute Reise.«

»Warum haben Sie mich vorhin angebrüllt?« fragte ich ihn.

»Oh, das war nur eine Morgenlaune, die kann doch jeder einmal haben.«

»Ich will aber wissen, warum Sie gerade mich in dieser unhöflichen Weise behandelt haben.«

»Ich will Ihnen die Wahrheit sagen, Herr Ustinov. Wir haben den Befehl, jeden Morgen, bevor wir unseren Dienst aufnehmen, uns erneut die Fotos von allen steckbrieflich gesuchten Terroristen ins Gedächtnis einzuprägen. Ich wußte, daß ich Ihr Gesicht schon einmal irgendwo gesehen hatte.«

Wer ist der
größte Musiker?

DAS HUSTENKONZERT

Die Musik scheint einen wichtigen Platz in Ihrem Leben einzunehmen. Spielen Sie ein Instrument?

Von Natur aus bin ich zwar recht musikalisch, aber völlig unorganisiert. In der Schule habe ich schlecht Flöte gespielt. Nur aus dem Grund, weil im Schulorchester schlechte Flötisten fehlten, übernahm ich diesen Part; außerdem mußte ich nicht mehr als eine Note auf einmal lesen. Deswegen könnte ich auch nicht Klavier spielen. Bei Schönberg hätte ich allerdings mehr Glück als bei Bach.

Und wie steht es mit dem Gesang?

Vor einigen Jahren habe ich mit meinem Sohn Igor gemeinsam die »Hustenarie für zwei alte Männer« von Paisiello vorgetragen. Bereits Katharina die Große hatte Schwierigkeiten, in der Oper wach zu bleiben. Giovanni Paisiello, der auch in St. Petersburg wirkte, ließ sich alle möglichen Tricks einfallen, mit seiner Musik zu amüsieren. Er schrieb verschiedene unterhaltsame Musikstücke wie eine Bell- und eine Gähnarie.
Als ich jung war, hatte ich eine ziemlich schwache Stimme. Ich habe sie selbst sehr trainiert und kann jetzt auch Sopran singen. Auf der Feier des siebzigsten Geburtstags von Rostropowitsch in Paris, im letzten Juni, habe ich gemeinsam mit seiner Frau Galina Wischnewskaja und Seiji Ozawa nach dem Essen ein japanisches Volkslied aus dem 12. Jahrhundert zum besten gegeben. Ozawa schaut aus wie eine lesbische Autorin, die keine Hüften hat. Aber sonst ist er ein reizender Mann.

Im letzten Sommer wurde mit Ihrer Beteiligung in Garmisch-Partenkirchen eines der letzten Werke von Richard Strauss, Des Esels Schatten, *aufgeführt …*

Ich habe einen von mir verfaßten Text vorgetragen, der die einzelnen Musikstücke verbindet. Strauss war schon über achtzig, als er dieses Stück komponiert hat. Eigentlich wollte er keine Musik mehr schreiben, aber es gab einen Enkelsohn mit ziemlichen Schulschwierigkeiten, der ständig die Schule wechseln mußte. Als es wieder einmal so weit war, wandte sich die Schuldirektion an Richard Strauss: »Wenn Sie für unseren kleinen Gesangsverein vielleicht ein Stück schrieben, dann gäbe es eine Möglichkeit, Ihren Enkel an unserer Schule zu behalten …«
Als das Werk vierzig Minuten Spielzeit umfaßte, starb Strauss, und der Enkel durfte trotzdem nicht an der Schule bleiben.

Sie haben auch in filmischen Dokumentationen über Mozart, Haydn und Mendelssohn mitgewirkt. Gibt es für Sie einen Lieblingskomponisten?

Man fragte mich schon in der Schule, wer der größte Komponist sei, der je gelebt habe. Ich sagte Bach. Man belehrte mich, die richtige Antwort laute Beethoven. Ich murmelte vor mich hin: »Für mich ist Mozart viel bedeutender als Beethoven.« Daraufhin mußte ich als Strafarbeit hundertmal schreiben: »Beethoven ist der größte Komponist aller Zeiten.«
Als nächstes sollte ich einen russischen Komponisten nennen. Ich antwortete: »Nikolai Rimski-Korsakow.« Diesmal wäre die richtige Antwort »Tschaikowski« gewesen. Nachdem die Autoritäten der Schule in einem Musiklexikon unter dem Buchstaben »R« festgestellt hatten, daß ein Komponist dieses Namens wirklich existierte, rügte mich eine Lehrerin vor der gesamten Schule: »Sie sind ein Angeber.«

Das waren gewissermaßen meine ersten Erfahrungen mit dem Thatcherismus.

BEETHOVEN

Vielleicht hat Sie die Schule doch mehr beeinflußt, als Sie es wahrhaben wollen. Immerhin haben Sie ein Theaterstück über Beethoven und nicht über Mozart geschrieben ...

Immer, wenn man mich fragt, wer mich als Schriftsteller beeinflußt habe, antworte ich: »Kein anderer Schriftsteller, ich lese nur wenig. Aber mein Wunschtraum ist es, Worte so schreiben zu können, wie Mozart Noten geschrieben hat.«

In meinem Stück *Beethovens Zehnte* spekuliere ich, wie ein Hörgerät Beethovens Leben verändert hätte. Leider gab es solche Apparate damals noch nicht. Berühmte Fachleute haben mir gesagt, daß gerade bei seiner Art des Leidens ein Hörapparat sehr von Nutzen gewesen wäre. Allerdings hätte der große Komponist dann möglicherweise nur drei Sinfonien geschrieben. Anderen zuzuhören kostet bekanntlich viel Zeit. Daher gibt Beethoven am Ende meines Stückes die Hörhilfe dankend zurück und sagt: »Der große Nachteil eines Hörapparats ist die Versuchung zuzuhören.« Er hatte sich an das Leben in der Stille gewöhnt und darin seinen eigenen Rhythmus gefunden. Andererseits fühlte sich Beethoven wohl einsam und unglücklich. Er mußte sich sehr abmühen, bis er etwas vollenden konnte.

KÜNSTLER UND LEID

Ist großes Leiden oft der Preis für echtes Künstlertum?

Nicht immer. Charles Dickens hat zum Beispiel für sein Werk nicht sehr gelitten. Er beobachtete alles aus der Distanz heraus.

Vielleicht hatte er unglückliche Liebesgeschichten, weil es damals schwierig war, solche Dinge geheimzuhalten. Die Malaisen dieses Künstlers hatten andere Gründe. Dickens war kein Leidender. Anders Dostojewski: Wie sein Leben auch verlaufen wäre, er hätte in jedem Fall gelitten. Das lag in seinem Naturell.

Als ich einmal fürs Fernsehen eine Sendung über Rußland machte, habe ich mir eine imaginäre Unterhaltung mit Dostojewski ausgedacht. Ich stellte ihm folgende Frage: »Wurmt es Sie nicht, daß Idioten Sie zu vier Jahren Arbeitslager und dann zu acht Jahren Armee verurteilt haben?«

Dostojewski entgegnete mir: »Was heißt hier Idioten? Ohne diese Idioten wäre ich nicht in der Lage gewesen *Die Dämonen, Die Brüder Karamasow* und alle meine anderen großen Werke zu schreiben.«

Als echter Russe war er für all das Leiden auch noch dankbar.

Die russische Seele

Was Sie da beschreiben, ist wohl der bekannte metaphysische Ab-
grund der russischen Seele …

Es ist das, was man unter einem russischen Weltbild, einer Weltanschauung, versteht. Allerdings sind das Begriffe, die es eigentlich nur im Deutschen gibt. Vor langer Zeit habe ich einmal gesagt, daß auf der Suche nach der Wahrheit die Franzosen etwas
abziehen, die Deutschen etwas hinzufügen, wohingegen die Engländer das Thema wechseln. Die Franzosen machen aus allem
»Bonmots«. Alle Aussagen werden immer mehr reduziert, so wie
aus Wein Cognac wird. Die Essenz soll zum Vorschein kommen.
Was die Deutschen betrifft, so sagen sie nach drei dicken Bänden:
»Es ist nicht genug, die Wahrheit bleibt immer noch verborgen.
Wir müssen mindestens noch drei weitere Bände schreiben. Es
muß die ganze Welt umfassen.« Die Engländer jedoch gehen zu
etwas anderem über. Sie lieben die Überraschung.
Es gibt einen wunderbaren Dialog zwischen Sibelius und Mahler,
bei ihrer einzigen Begegnung übrigens. Sie redeten völlig aneinander vorbei.
Mahler sagte: »Eine Sinfonie muß die ganze Welt umfassen.«
Sibelius erwiderte: »Ich bin da anderer Ansicht, sie soll höchstens
zwanzig Minuten dauern.«

RUSSEN UND DEUTSCHE

Sind Russen und Deutsche einander ähnlich?

Ja, in einem gewissen Sinn. Nur sind die Russen noch unausgeglichener, darin also eher den Iren ähnlich. Sie haben eine gewisse Begabung für das Chaos. Manchmal kann das sogar nützlich sein. Wenn die Russen aber akademisch werden, hauen sie unvorstellbar daneben. Von diesem massiven Ernst zeugen auch die Konstruktionen ihrer Schlafwagen mit drei, vier oder gar sechs Stufen und den riesigen Eisengeländern. Und dann dieser Rimski-Korsakow, der über achtzig Folianten schrieb, anstatt mehr zu komponieren. Das ist doch eigentlich eine deutsche Vorgangsweise. Die Russen können die Deutschen beim Theoretisieren noch übertreffen, wenn sie erst einmal damit angefangen haben.

KEEP SMILING

Neulich hörte ich eine Russin auf die Frage, warum in den russischen Städten so viele Leute mit schlechtgelaunten Gesichtern herumlaufen, antworten: »Wir Russen halten wenig vom ewigen keep smiling der Amerikaner, wir machen das Gesicht, wie uns zumute ist ...«

Vor etlichen Jahren stand ich im ehemaligen Leningrad vor einem Hotel neben einer alten amerikanischen Dame mit einer Brille voller falscher Diamanten und bläulichen Haaren, die sich bei mir beschwerte: »Es ist wirklich alles grauenhaft hier. Niemand lacht, keiner ist freundlich. In Kiew war es schon schlimm, in Moskau wurde es noch ärger, aber was die Leute einem hier bieten, das ist wohl der Gipfel an Unfreundlichkeit. Ich fühle mich hier sehr unwohl, niemand spricht mit mir.«
Da ging ein russischer Arbeiter vorbei. Ich erkundigte mich auf russisch nach seinem Wohlbefinden. Er lächelte so strahlend, daß seine vielen Goldzähne sichtbar wurden. Goldzähne sind in Rußland ein Zeichen von Wohlstand, obwohl manche aus alten Patronenhülsen gefertigt sind.
Die alte Amerikanerin beschwerte sich sofort: »Warum hat der Mann Sie und nicht mich angelächelt?«

»HALB AUF DEM BAUM«

Peter Ustinov, Sie haben eine lange Reihe von russischen Vorfahren und tragen auch einen russischen Namen. Fühlen Sie sich als Russe?

Ich fühle mich sehr russisch, wenn ich nicht dort bin. Ich denke wahrscheinlich russischer, als ich es selbst weiß. Da ist bestimmt ein gewisser Atavismus im Spiel. Meine Stücke werden in Rußland besser aufgeführt als irgendwo anders. Und dies geschieht ohne mein Zutun, was mich doch ein wenig stört. Aber mit diesem kleinen Ärger lebe ich gerne, weil die Aufführungen wirklich hervorragend sind. Sie verstehen, daß die Komik der Stücke wirklich zum Tragen kommt, wenn man sie möglichst zurückhaltend spielt. Wie zum Beispiel bei meinem Stück *Halb auf dem Baum.*

In diesem Stück geht es um einen typisch westlichen Generationskonflikt zwischen einem alten Gardegeneral und seinem Hippie-Sohn ...

Halb auf dem Baum wurde vom Mossowjet-Theater in Moskau schon fast zehn Jahre lang gespielt, als ich mir eine Aufführung ansah. Nach der Vorstellung versammelte sich das gesamte Ensemble um mich. Alle hatten Schreibblöcke mitgebracht. Der Hauptdarsteller Rostislaw Plyat wollte von mir wissen: »Wie können wir Ihr Stück noch englischer machen?«
Ich lobte die Inszenierung und meinte, sie hätten das englische Landleben völlig authentisch dargestellt.
Niemand war mit meiner Antwort zufrieden. Plyat insistierte: »Wir wollen keine Schmeicheleien hören. Wir wollen von Ihnen wissen: Was können wir tun, damit das Stück noch englischer wird?«
Wieder wich ich der Frage aus, mit der Begründung, daß die meisten Zuschauer ohnehin niemals nach England reisen würden. Der Ton wurde bestimmter: »Es ist unsere Pflicht, den Zuschauern ein englisches Ambiente zu vermitteln, ob sie in England wa-

ren oder nicht. Daher frage ich Sie zum dritten Mal: Wie können wir das Stück noch englischer machen?«

Ich überlegte einige Zeit, dann sagte ich langsam: »Vielleicht ist …«, alle zückten ihre Bleistifte, »… vielleicht ist das Kreuz auf der Bibel des Pfarrers doch etwas zu groß geraten, wenn man bedenkt, daß er der anglikanischen und nicht der katholischen Kirche angehört.«

Meine Worte wurden von allen wie wild mitgeschrieben. Plyat atmete erleichtert auf: »Warum haben Sie das nicht gleich gesagt?«

IN RUSSLAND GEHEN DIE UHREN ANDERS

Der kürzlich verstorbene Schweizer Historiker Jean Rudolf von Salis war ein Bewunderer von Ihnen. Er hat mir das vor einigen Jahren in einem Gespräch erzählt. Nun hat mir seine Witwe freundlicherweise sein letztes Buch Letzte Aufzeichnungen *geschickt, in dem etwas Ähnliches über Sie geschrieben steht. Salis meinte, Sie seien zu Zeiten des Kalten Krieges einer der wenigen gewesen, der in Rußland nicht nur den bösen Feind gesehen hat …*

Rußland ist doch vom Westen viel häufiger angegriffen worden als umgekehrt. Man muß den historischen Kontext sehen. Bei der Teilung Polens hatten die Preußen und die Österreicher die gleiche Idee. Die Russen wollten, ähnlich wie nun bei der Osterweiterung der NATO, auch ein Wörtchen mitreden. Beim Bündnis gegen Napoleon sind russische Truppen in Paris einmarschiert. Nun erleben wir den letzten Zusammenbruch der habsburgischen und ottomanischen Reiche. Gott sei Dank ist die Zeit der großen Reiche nun vorbei. Ich bin für Rußland optimistisch, weil sie aus ihrer langen und schmerzvollen Geschichte sicher einiges gelernt haben. Aber vielleicht muß alles noch schlimmer werden, bevor es besser wird.

Wie geht Rußland mit den dunklen Seiten seiner Geschichte um?

Alexander Jakowlew war der Präsident der Kommission, die mit der Nachforschung der Verbrechen Stalins beauftragt worden ist. Er erzählte, er habe nach dem Besuch bestimmter ehemaliger geheimer Archive schlaflose Nächte verbracht. Die Verbrechen Stalins lassen sich mit den Verbrechen Hitlers vergleichen, mit dem Unterschied, daß sie nur an der eigenen Bevölkerung verübt worden sind. Jakowlew meinte, unter Stalin seien mindestens fünfzehn Millionen Menschen ums Leben gekommen. Er fand unter den Papieren eine Order Stalins, in der stand: »Wo Menschen sind, gibt es Konflikte, wo keine Menschen sind, gibt es keine Konflikte mehr.«

DAS ENDE DES KOMMUNISMUS?

Sie sagten einmal, es sei viel leichter gewesen, ein Kind in der ehemaligen Sowjetunion zu sein als bei uns ...

Für die Kinder wurde damals gut gesorgt. Es gab eigene Theater, Leihbüchereien, Restaurants und alles am gleichen Ort. Das war sicher ökonomisch unrentabel, sonst hätten es die Russen nicht gemacht, aber idealistisch. Man hat behauptet, der Sinn der Kinderkrippen läge darin, die Kinder den Eltern zu entfremden. Das stimmt nicht, die Beziehungen innerhalb der Familien waren sehr ausgeglichen und gesund. Allerdings hatten es Jugendliche viel schwieriger, von den Erwachsenen wollen wir gar nicht reden. Im heutigen Rußland hat sich einiges geändert. Viele der staatlichen Institutionen mußten aus Geldmangel geschlossen oder in ihren Möglichkeiten zu helfen stark reduziert werden. Dafür gibt es nun unzählige freiwillige Helfer. Zum Beispiel kümmern sich unzählige Pflegeeltern um die vielen Straßenkinder, die es vor allem in den russischen Städten gibt.

War der Kommunismus trotz seiner sehr unmenschlichen Seiten doch ein gewisses Korrektiv im Spiel der politischen und wirtschaftlichen Kräfte?

Man darf nicht vergessen, daß der Kommunismus mit einem ziemlichen Idealismus begonnen hat. Daß der Kommunismus schließlich scheiterte, ist eine andere Sache. Aber man kann nicht sagen, daß der Faschismus einen idealistischen Hintergrund hat. Der Faschismus ist reiner Nationalismus und ethnische »Reinigung«. Viele linke Intellektuelle haben geglaubt, mit ihren Idealen eine bessere Welt zu schaffen. Darin liegt die Rechtfertigung des Kommunismus.

Heute hat sich das sehr geändert. Ich hatte immer gehofft, daß die Russen nicht so viel verlieren würden. Das Schlimme am Zusammenbruch des kommunistischen Imperiums ist, daß auch das Wort Idealismus in den Schmutz gezerrt wurde. Das halte ich für eine gefährliche Entwicklung.

IDEOLOGEN UND MACHTMENSCHEN

Im Namen von Ideen und Ideologien mußten besonders in unserem Jahrhundert viele Millionen Menschen ihr Leben lassen ...

Was mich empört: Wieviel Menschen für ihre Überzeugung größte Qualen litten, gefoltert wurden und sterben mußten. Es steht jedem Menschen frei zu glauben, woran er will. Die eigene Meinung kann man mit einer Wohnung vergleichen, die man abschließen kann. Da darf niemand eindringen, weder die Kirche noch die staatliche Macht. Für die Konsequenzen ihrer Handlungen kann man Leute zur Rechenschaft ziehen, aber nicht für ihre Gedanken. Die gefährlichen Machtmenschen in der Geschichte wie Hitler und Mussolini konnte man nicht aufhalten. Sie hatten die Macht, andere Menschen ihren Zwecken zu opfern.

GEFÄHRLICHE DIKTATOREN

Wieso haben sich die Menschen von diesen Diktatoren verführen lassen und die drohende Gefahr nicht gesehen?

Mussolini ging davon aus, daß die Italiener gute Kellner sind. Aber er hat nie zugegeben, wie wichtig es ist, ein guter Kellner zu sein. Er fand diesen Beruf beschämend. Er hat versucht, aus der italienischen Nation eine Militärmacht zu machen. Daran ist er gescheitert. In Deutschland war das anders. Die Deutschen waren gewohnt, der Obrigkeit zu gehorchen.

GORBATSCHOW UND DIE UBS

Wie beurteilen Sie Gorbatschows politische Leistung im Rückblick?

Gorbatschow hat als einer der ersten verstanden, daß man in unserer Zeit keine Kriege mehr führen kann. Diese historische Leistung wird immer mit seinem Namen verbunden bleiben. Gorbatschow hat Europa verändert. Er hat versucht, den Zerfall des sowjetischen Imperiums aufzuhalten. In dem heutigen Chaos sieht man, wie von allen noch intakten Strukturen, sogar vom KGB, eine ordnende Wirkung ausgeht. Ich erinnere mich, daß vor etlichen Jahren Graham Greene zu mir sagte: »Denken Sie an meine Worte. Sie werden noch sehen, daß der KGB Rußlands Rettung sein wird.« Ich war sehr erstaunt. Er bestand darauf: »Es stimmt, was ich sage. Man muß die politischen Verhältnisse genau beobachten.«

Michail Gorbatschow hat neulich hier in Genf bei einer Abendveranstaltung gesagt, es gäbe keine glücklichen Reformer. War sich Gorbatschow, als er noch an der Macht war, klar darüber, welchen Prozeß er ausgelöst hat?

Gorbatschow ist heute in der Rolle eines guten Vaters, der seine Kinder aus einer schlechten Schule genommen und in eine gute gesteckt hat. Dann machte er den Fehler aller Eltern, weil er dachte, die groß gewordenen Kinder würden seinen Fußstapfen folgen. Sie hatten jedoch ihre eigenen Vorstellungen. Seine historische Leistung schmälert das nicht.

Vor einigen Jahren läutete plötzlich am Sonntag das Telefon, und eine männliche Stimme sagte: »Herr Ustinov, Sie kennen mich nicht, aber ich bin der Präsident des Schweizerischen Bankvereins (UBS) ...«

Ich sagte: »Sie haben an Sonntagen normalerweise doch geschlossen.«

»Es tut mir leid, Sie an einem Sonntag zu stören. Aber ich rufe Sie an, weil wir heute in Genf eine Gartenparty für Michail Gorbatschow geben. Wir wußten gar nicht, daß Sie so mit Herrn Gorbatschow befreundet sind. Er wünscht sich nämlich, daß wir Sie einladen«, erwiderte er.

Ich fuhr nach Genf und suchte unter den vielen unbekannten Gesichtern vergeblich nach Gorbatschow. Eine Balalaikakapelle spielte auf. Man merkte, daß sie aus der Schweiz stammte. Hätten sie doch nur gejodelt! Die Tische bogen sich unter Salatschüsseln, Obstkörben und Käseplatten, aber weit und breit war kein Gorbatschow zu sehen. Ich wollte gerade gehen, da kam er zur Tür herein. Er schaute so verwirrt aus, als hätte er keine Ahnung, wohin er geraten war. Als er mich sah, kam er schnurstracks auf mich zu, als sei ich einer seiner besten Freunde, den er jahrelang vermißt hatte.

Gorbatschow umarmte mich und flüsterte mir ins Ohr: »Wo sind wir? Wer sind diese Leute?«

Ich erklärte ihm, das sei eine Gartenparty, die die Union de Banque Suisse ihm zu Ehren veranstalte.

Er sagte: »Ich spreche kein Französisch. Was heißt das?«

»Der Schweizerische Bankverein.«

»Eine Bank? Das ist ja prima.« Er ließ mich los, um sofort wirtschaftliche Kontakte anzuknüpfen.

Ein Politiker ist Gorbatschow immer noch. Ich bewundere sein politisches Gespür, nicht nur, weil er mich treffen wollte.

Der Pressechef der UBS hat mir mitgeteilt, daß vor der Gartenparty aus der Russischen Botschaft eine Warnung direkt von Boris Jelzin gekommen sei, Gorbatschow nicht zu ernst zu nehmen. Jelzin ist der einzige, der sein eigenes Kabinett vor laufenden Fernsehkameras ausschimpfen kann: »Ich habe verlangt, daß es in Rußland keine Armen mehr geben soll. Tut etwas gegen die Armut.«

Glasnost und Perestroika sind seit Gorbatschow in unseren Wortschatz eingegangen. Was denken die Russen heute über diese Begriffe?

Das kann ich Ihnen mit einer Geschichte illustrieren. Ein Mann mitten in Rußland ist dabei, ein Schwimmbad zu bauen. Als ihm der Zement ausgeht, nimmt er drei Flaschen Wodka und stellt sich an die Straße. Ein Lastwagen mit Zement kommt vorüber. Er hält ihn an und sagt: »Ich möchte mein Schwimmbad zu Ende bauen. Hier sind drei Flaschen Wodka für Sie, wenn Sie mir helfen.« Der Fahrer liefert die fehlenden Zementsäcke bei ihm ab, kehrt zur Fabrik zurück und holt neuen Zement. Als er bei der Baustelle verspätet ankommt, ist niemand erstaunt. Man hat die Ladung nicht früher erwartet. Der Fahrer ist glücklich, weil er sich mit dem Wodka betrinken kann. Der Direktor der Zementfabrik bekommt einen Bonus und einen Orden, weil er den Jahresplan überschritten hat.

Nun kommt Gorbatschow und will mit seiner Glasnost und Perestroika der Schlamperei und der Korruption ein Ende bereiten. Der Schwimmbadbesitzer steht vergeblich mit seinen Wodkaflaschen an der Straße, der Fahrer bleibt nicht stehen, weil er die Polizei fürchtet. Das Schwimmbad wird nicht fertiggestellt, der Fahrer hat keinen Wodka. An der Baustelle hat man den Lastwagen nicht so früh erwartet, und keiner ist da, um ihn auszuladen. Der Fabrikdirektor muß seinen Orden zurückgeben und verliert seinen Posten, weil er den Plan nicht erfüllt hat.

Im Jahr 1993 sind Sie für UNICEF nach Rußland gereist, um den Zustand der Kinderkrankenhäuser zu inspizieren ...

Ich war auch in Sibirien. Dort herrschte ein ziemlich desolater Zustand, der aber nicht einer gewissen Komik entbehrt. Man zeigte mir die Statistiken über den Gesundheitszustand der Bevölkerung, und ich konnte ihnen entnehmen, daß siebzehn Prozent des Einkommens für den Konsum von Alkohol verwendet wurden und es immer noch mehr Abtreibungen als Geburten gab – obwohl man spezielle Kliniken eingerichtet hatte, in denen die Bevölkerung über die Geburtenkontrolle aufgeklärt werden sollte.

Ich sah viele junge Russen, die vor großen Charts saßen, auf die eine wohlbeleibte Ärztin mit einem langen Stock deutete.

Da erkundigte ich mich bei der Chefärztin der Klinik, warum trotz aller Aufklärungskampagnen denn die Abtreibungen nicht abgenommen hätten.

Die sehr dicke, weiß gekleidete Frau antwortete mir mit tiefernster Stimme: »Sie dürfen den elektrischen Faktor nicht außer acht lassen.«

»Den elektrischen Faktor? Das gibt es bei uns im Westen noch nicht. Worum handelt es sich?« erkundigte ich mich voller Neugier.

»Der elektrische Faktor besteht in der Tatsache, daß die meisten jungen Paare erst über diese Dinge sprechen, wenn sie das Licht bereits gelöscht haben. Und dann ist es natürlich zu spät«, wurde ich aufgeklärt.

Das schien mir eine sehr menschliche Dimension zu sein.

Man liest immer wieder, Rußland sei ein völlig korruptes Land ...

In Rußland habe ich die merkwürdigsten Auswüchse der Korruption erlebt. Im tiefsten Sibirien gibt es einen schmierigen und besonders unsympathischen Vertreter von Aeroflot, der sich um die Buchungen kümmert. Ich fragte ihn, von wo aus ich ein Fax nach Toronto schicken könnte.

Er sagte: »Ich kümmere mich nicht nur um die Aeroflot, sondern auch um alle Faxe.«

Am nächsten Tag forderte er von mir hundertsiebenunddreißig Dollar.

»Das ist doch wohl lächerlich«, empörte ich mich.

»Es tut mir leid, aber wir haben unsere Tarife«, erwiderte er kühl.

»Ich werde das nicht zahlen.«

»Es ist nicht in Ordnung, daß Sie mich dieses Fax schicken ließen und jetzt nicht bezahlen wollen.«

Als er am nächsten Morgen wieder auftauchte, entschuldigte er sich: »Es tut mir leid, ich hatte mich verrechnet. Das Fax kostet nur siebenunddreißig Dollar.«

Da wurde ich ärgerlich: »Das ist noch schlimmer. Vorher war es eine bodenlose Frechheit, jetzt ist es nur noch ein schäbiger Betrug.«

Die fünfzehn Dollar, die ich ihm schließlich gab, waren immer noch reinster Wucher. Als Rache annullierte er daraufhin sofort die Rückflugkarte. Da bat ich einen Abgeordneten aus der Region, den ich aus Genf kannte, um Hilfe. Er wollte gerade nach Nowosibirsk reisen, um über Jelzins neueste Reformvorschläge zu diskutieren. Er beruhigte mich: »Ich werde über den Flughafen fahren und alles in Ordnung bringen.«

Und haben Sie einen Platz im Flugzeug bekommen?

Der Sitz im Flugzeug war reserviert. Als der Mann mich sah, küßte er mich nach russischer Manier auf den Mund. Das war unter diesen Umständen wohl nur ein kleineres Opfer. Unter den wartenden Fluggästen war auch der Passagier, an den mein Billett weiterverkauft worden war. Aeroflot, für seine Flexibilität bekannt, hatte kurz entschlossen das Klo in einen Sitzplatz verwandelt.

Im Rumpf des Flugzeugs befanden sich zwei Kampfhunde. Sie sahen wie zwei alte Sergeanten aus. Die Plastikmaulkörbe, die man ihnen umgebunden hatte, waren fast schon aufgefressen. Die Hunde wurden von zwei zwölfjährigen Mädchen an der Leine gehalten. Wollte man auf die Toilette gehen, mußte man erst an den beiden gefährlichen Hunden vorbeikommen und dann höflich an der Klotür anklopfen. Da saß ein alter Mann, der stöhnte: »Nicht schon wieder. Ich habe für diesen Sitz wie alle anderen bezahlt. Beeilen Sie sich.« Dann ging er hinaus und wartete geduldig bei den Hunden, bis sein Platz wieder frei geworden war.

DAS WUNDER DER AEROFLOT

Wie ist dieses Unternehmen ausgegangen?

Auf halbem Weg mußten wir auftanken. Der Pilot ließ uns über Lautsprecher wissen, daß die Passagiere des Rückteils das Flugzeug zuerst verlassen müßten, damit es nicht nach vornüber kippte. Das sei eine kleine Schwäche dieses Flugzeugmodells. »Wer rauchen will, soll das Flugzeug verlassen. Aber gehen Sie nicht zu weit weg, weil wir dann sofort wieder weiterfliegen«, fuhr er fort. Das hatte zur Folge, daß alle Raucher mit ihren Glimmstengeln das Flugzeug umlagerten. Daraufhin fiel ein Kanister um, und die Hunde hoben ihr Bein in die Cherosinlache. Das Resultat dieser ganzen Konfusion war ein Wunder: Zum ersten Mal in der gesamten Geschichte der Aeroflot kam unser Flugzeug eine Viertelstunde zu früh in Moskau an. Am Ausgang war ein Schild angebracht: »Taxis in die Stadt – Russian-Cypriote-Joint-Venture«.

Haben Sie noch etwas Ähnliches beim Fliegen erlebt?

Einmal mieteten wir ein kleines Lear-Jet von Aeroflot. Es war bequem und leise. Ich saß in einem Lehnstuhl, neben mir stand ein rotes Telefon. Man kann sich vorstellen, was für Gespräche über diesen Apparat bereits gelaufen sind. Wir kamen pünktlich an, aber der Flugkapitän war nicht da. Es hieß, er sei auf dem Markt, um unser Mittagessen zu besorgen. Er kam mit dem Essen, ein schneidiger Pilot mit langjähriger Erfahrung. Vor der Abfahrt mußten wir unser Gepäck selbst im Bus verstauen. Der Fahrer saß da und rauchte eine Lucky Strike. Ich fragte, ob er uns nicht helfen wollte, und er erwiderte: »Nein, ich bin nicht auf das Trinkgeld angewiesen.« Das ist ein anderer Aspekt des russischen Kapitalismus, den man nur schwer verstehen kann.

Wir hoben fast geräuschlos vom Boden ab. Während des Fluges kam der Pilot plötzlich nach hinten und fragte: »Wieviel haben Sie für diesen Flug bezahlt?« Als wir ihm die Summe nannten, bedauerte er uns: »Wie schade, für nur wenige Rubel mehr hätten Sie das ganze Flugzeug kaufen können – und mich dazu.«

Rußland wird überleben, zwischen Typen wie dem Jet-Piloten, dem Buschauffeur und dem hilfsbereiten Parlamentarier, der weniger als der Fahrer verdient.

Der Kolumnist

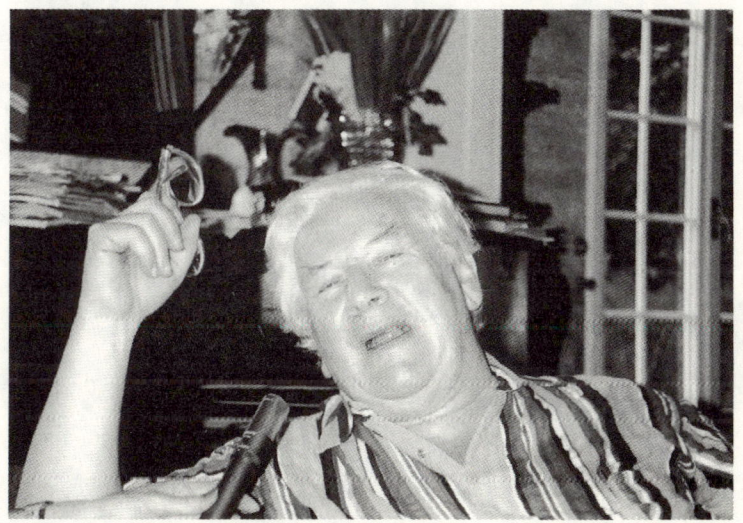

Peter Ustinov, Sie sind auch Kolumnist und schreiben unter ande-
rem wöchentlich einen Artikel in »The European« ...

Es ist schwierig geworden, die politischen Zusammenhänge zu
durchschauen, weil sich die Dinge mit großer Geschwindigkeit
verändern. Man muß fast schon olympische Weisheit besitzen,
und das ist wieder weniger gut für den Charakter. Viele Länder
und Völker durchleben zur Zeit unterschiedliche geschichtliche
Phasen. Im Golfkrieg geriet zum Beispiel ein Land, das noch in
den dreißiger Jahren lebt, mit einem Land in Konflikt, das sich
schon in der Zukunft und noch halb in der Vergangenheit befindet. Die Welt ist in verschiedene Zeitepochen gespalten. Bis sich
das nicht ändert, werden immer wieder neue Krisenherde entstehen.
Den Engländern mißfällt es, daß Brüssel die Hauptstadt Europas
ist. Aber Sie müssen doch zugeben, daß jedes Jahr Davos für eine
Woche zur Hauptstadt der Welt wird. Was sich die Politiker hinter den Kulissen sagen, ist viel wichtiger, als was die Öffentlichkeit
darüber zu hören bekommt. Die Regierungen haben viel weniger
Möglichkeiten einzugreifen als in der Vergangenheit. Die interne
Politik hat an Bedeutung verloren. Politische Parteien geben sich
den Anschein, als würden ihre Ideen sich voneinander unterscheiden. Dazu fehlt ihnen jedoch der ökonomische Spielraum.
Politiker werden sehr ungehalten, wenn man sie auf diese Einför-
migkeit hinweist. Heute heißt es, der Markt entscheidet alles. Vor
zweitausend Jahren hat Jesus die Händler aus dem Tempel ge-
worfen, aber heutzutage gehört der Tempel leider den Händlern.
Doch ohne soziale Gerechtigkeit wird der Kapitalismus in große
Schwierigkeiten geraten.

GELD REGIERT DIE WELT

Geld regiert eben mehr denn je die Welt ...

Aus dem übertriebenen Stellenwert des Geldes kann man zum Teil auch die fanatischen Reaktionen der Islamisten erklären. Geld ist antireligiös, und daher fordert es diese Reaktionen heraus, wie die Suche nach einer ursprünglichen Reinheit und den religiösen Wurzeln.

BLICK IN DIE ZUKUNFT

Wie entwickelt sich die Weltlage? Haben wir Anlaß, optimistisch in die Zukunft zu blicken?

Die Welt ist in den neunziger Jahren anders geworden. Ich hoffe, daß ich lange genug lebe, um die Früchte dieser Veränderungen zu sehen. Der Irrsinn des Wettrüstens ist zu einem Ende gekommen, weil niemand mehr die Waffen bezahlen kann. Der Preis von Kriegsflugzeugen hat sich verfünfzehnfacht.

Das Abkommen von Oslo zwischen Israel und der PLO wäre ohne das Ende des Kalten Krieges nicht denkbar gewesen. Vielleicht sind die Vereinten Nationen zum ersten Mal richtig eingesetzt worden. Obwohl ich auch die Gefahr sehe, daß die USA sich des Sicherheitsrates bemächtigen, weil die Opposition fehlt. Die Chinesen scheuen sich, das Veto anzuwenden. Auch die Entwicklungen in Nordirland bewegen sich trotz mancher Rückschritte in die richtige Richtung. Man konnte auch nicht in alle Ewigkeit das Gesicht von Jerry Adams am Fernsehen zeigen und seine Worte von einem Schauspieler lesen lassen. Das war ein Eingeständnis der englischen Ohnmacht. Südafrika ist ein weiteres Wunder am Ende des Jahrhunderts, das sich allen Voraussagen zum Trotz ereignet hat.

Kann sich das südafrikanische Wunder nicht in einen Alptraum verwandeln?

Wer kann schon in die Zukunft blicken? Unser ganzes Leben ist mit Gefahren verbunden. Jedesmal, wenn man das Fenster öffnet, kann man sich erkälten. Die Entwicklungen Südafrikas der letzten Jahre sind beispiellos. De Clerk hat den Mut gezeigt, sie einzuleiten. Mandela hat als ein bedeutender Staatsmann begriffen, daß man vergeben und vergessen können muß.

DER TISCH DER WIEDERVEREINIGUNG

Sprechen wir über Deutschland. Werden die Deutschen die Schwierigkeiten ihrer Wiedervereinigung bald überwunden haben?

In Bonn hat man im »Haus der Geschichte« den Tisch ausgestellt, an dem die Verhandlungen über die deutsche Wiedervereinigung und den Abzug der sowjetischen Truppen zwischen Genscher und Schewardnadse stattgefunden haben. Mir gefällt dieser Gedanke, weil gerade dieser Tisch eine erfolgreiche geheime Diplomatie symbolisiert, die dazu beigetragen hat, das Gesicht des ausgehenden zwanzigsten Jahrhunderts völlig zu verändern.
1993 habe ich in Dresden zwei Opern inszeniert: *Jolanthe* von Tschaikowski und *Francesca da Rimini* von Rachmaninow. Ich war damals von den Veränderungen ziemlich beeindruckt. Allerdings kam ich nur mit Theaterleuten zusammen, und die sind ja nicht unbedingt typisch. Bei ihnen bemerkte ich aber keinen Unterschied zum Westen. Jedoch zeigte mir der Zustand der Städte und Dörfer, unter welchen Bedingungen man dort lebt. Äußerst überrascht war ich, als ich mit dem Wagen des Theaters abgeholt wurde. Es war ein Mercedes 600, von dem es ja überhaupt nur wenige Modelle gibt. Ich hatte mit einem gebrauchten Trabi gerechnet.

*Man muß also an Ort und Stelle reisen, um sich sein eigenes Urteil
zu bilden …*

Ich traf vor einigen Jahren mit Lord Callaghan zusammen, dem
ehemaligen Labourführer und Premierminster. Er sagte etwas
sehr Einleuchtendes: »Ich habe gerade meine Sommerferien in
der Ukraine verbracht. Wissen Sie, nach allem, was man hier so in
der Presse liest, war ich sehr überrascht: Die Ukrainer schlafen die
ganze Nacht bis zum Morgen, essen dreimal am Tag und gehen
dann wieder schlafen. Das Leben ist dort wie überall.« Ein anderes Beispiel waren die Olympischen Spiele, bei denen die Russen
schließlich 38 Goldmedaillen gewonnen haben. Das ist wohl die
beste Reklame für schlechte Ernährung, die mir je zu Ohren gekommen ist!

»SCHAUPINWALZER«

*Sie meinen, was immer auch geschieht, das Alltagsleben nimmt
überall seinen Lauf …*

Selbst in Belgrad während des Bosnienkrieges. Stellen Sie sich
vor, es gab damals eine serbische Wochenzeitung, die allerdings
nur jede zweite Woche herauskam und dazu auf englisch. Die
Artikel in dieser Zeitung waren hervorragend, und das nicht
nur, weil ich gelegentlich für sie schrieb. Alles stand im Gegensatz zur offiziellen Belgrader Regierung. Und dann die lokale
Seite: Reklame für drei verschiedene McDonalds, Werbung für
den Zoo, der um acht Uhr früh aufmachte und um sieben am
Abend schloß. Kein Gedanke daran, den Zoo ganz zuzumachen.
Ganz anders als im reichen London, das glaubt, sich keinen Tier-
park mehr leisten zu können. Die Belgrader fütterten ihre Tiere
immer noch, trotz aller Schwierigkeiten. Dann diese erstaunliche

kleine Notiz: »Um 12 Uhr nachts wird Mariuhana Arseniewitsch«
(wörtlich) »Schaupinwalzer spielen!«

EUROPA MUSS REIFEN

*Da wir vom früheren Jugoslawien sprechen, stellt sich die Frage, ob
der nationalistische Virus von dort aus auf andere Länder wie
Rumänien oder Bulgarien überspringen wird …*

Rumänien und Bulgarien kann man nicht mit dem ehemaligen
Jugoslawien vergleichen. Jugoslawien hat sich nach dem Zweiten
Weltkrieg nie mehr erholt. Kroaten und Serben gingen schon damals verschiedene Wege. Die Kroaten kollaborierten mit Hitler
und handelten sich damit einen schlechten Ruf ein. Die Serben
dagegen waren das Zentrum der kommunistischen Bewegung. So
entstanden die alten Ressentiments wie unter Nazis und Kom-
munisten. Die alten Parteigenossen beider Seiten kamen wieder
zum Vorschein. Man wußte nicht genau, wer auf wen schoß. Der
ganze Konflikt ist eine Schande für Europa.

*Sollte sich Europa auf die EU beschränken, oder sollte es sich viel-
mehr vom Atlantik bis zum Pazifik erstrecken?*

Die EU kann ja nur der Anfang einer Integration sein. Es geht um
eine Ordnung für die ganze östliche Region. Das ist das Ziel und
am Ende unsere einzige Hoffnung. Nun wurde immerhin ein An-
fangsschritt bei der Osterweiterung der NATO gesetzt. Die EU-
Kommission will mit einigen Ländern Ostmitteleuropas 1998 Bei-
trittsverhandlungen aufnehmen. Die weitere Entwicklung in Ost-
europa ist schwierig zu beurteilen. Europas Geschichte braucht
wie guter Wein Zeit zum Reifen.

Lernen wir aus der Geschichte?

Wir vergessen die Lektionen, die uns die eigene Geschichte erteilt hat, recht schnell. Dazu kommt noch, daß uns in der Schule allzu häufig ein falsches Geschichtsverständnis beigebracht wird. Das gilt auch für spätere Machthaber. Denken Sie zum Beispiel an Bokassa. Bereits an seinem Thronsessel mit einem riesigen Adler konnte man erkennen, daß er eine französische Schule besucht hatte. Er war von Jugend an von der Vorstellung besessen, ein zweiter Napoleon zu werden. Diese Verblendung hat seinen politischen Weg vorgezeichnet. Zu der Zeit, als Idi Amin in Uganda regierte, sah ich eine Karikatur mit zwei britischen Wachposten. Sie fragten sich, welcher Narr Amin eigentlich zu einem Sergeanten gemacht hatte. Daran ist etwas Wahres.

Doch hat sich die europäische Haltung gegenüber den überseeischen Ländern völlig geändert. Deutschland und Italien nahmen ja erst recht spät am Kolonisierungsspiel teil, das damals dem Zeitgeist des 19. Jahrhunderts entsprach. Sie wollten aber doch noch in diesem Autobus Platz nehmen, doch alle Sitze waren bereits besetzt. Deutschland bekam noch Südwestafrika und Samoa. Die Italiener kämpften mit den Türken und involvierten sich in Libyen. Das war der heroische Blödsinn dieser Zeit.

VIELE KLEINE FÜRSTENTÜMER

Wie sehen Sie die geschichtliche Entwicklung Deutschlands?

Was vor fünfzig Jahren in Deutschland geschehen ist, muß man auch im geographischen Kontext sehen. Napoleons Politik hatte schlimme Auswirkungen. Sogar der Code Napoléon ist heute nicht mehr aktuell. Napoleon haben wir die von Preußen dominierte Einheit zu verdanken, weil er mit seiner Armee über die friedlichen Fürstentümer mit ihren Kronprinzen und Großherzögen hergefallen ist – Fürstenhäuser, die nicht genügend Geld in die Armeen, dafür aber in Opernhäuser, in Theater und Kunstsammlungen gesteckt hatten. Das dezentralisierte Deutschland fasziniert mich noch immer. Frankreich mit Paris fehlt jedes Gefühl für die Dezentralisierung.

Hat die Globalisierung nicht auch eine starke kulturelle Vereinheitlichung zur Folge?

Durch die Supernationalisierung verliert alles seine nationale Farbe. Sogar Euroskeptiker können das nicht verhindern. Nationale Unabhängigkeit gibt es nicht mehr, heute ist alles *interdependent*. Viele der Multinationalfirmen halten sich zwar an die nationalen Gesetze, aber kümmern sich wenig um die Gepflogenheiten in fernen Ländern. Denken Sie an Nestlé mit seinem Milchpulver. Ich bin Präsident des »World Federalist Movement«. Wir befürworten zum Beispiel einen Weltgerichtshof für Kriminelle. Mit der Internationalisierung der Wirtschaft wächst auch die weltweite Vernetzung des Verbrechens. Die reichen Länder wie die USA, Frankreich und England sind meist am rückschrittlichsten eingestellt. Sie wollen sich unter keinen Umständen ihre Handlungsfreiheit beschneiden lassen. Aber sogar diese Länder sehen nun immer mehr die Notwendigkeit eines internationalen Gerichtshofs ein, weil die Wirtschaftskriminalität immer raffinierter wird. Internet wird dabei helfen. Es hat schon einige pädophile Kreise aufgedeckt.

GLOBALISIERTE AUTODIEBSTÄHLE

Es findet also auch eine Globalisierung des Verbrechens statt?

Das französische Fernsehen zeigte ein Programm über Autodiebstähle und verfolgte einen gestohlenen Mercedes 500 bis zur belgischen Grenze. Dort wurde er nicht angehalten, weil es keine Zollkontrolle mehr gibt. Das Auto fuhr weiter bis zum Anlegehafen in Antwerpen. Dort wurde es von Interpol beschlagnahmt. Zwei Wochen später kam ein Protest aus einer afrikanischen Republik. Man wollte wissen, wo denn der Mercedes 500 geblieben sei.

*»Die Wahrheit liegt
in der Mitte«*

Im Grunde kehren ständig die alten Muster wieder. Glauben Sie, daß die Menschen sich in ihrer Grundstruktur verändern?

Ja. Die Menschheit verändert sich ständig. Heute kann man diese Veränderungen bewußt wahrnehmen. Denken Sie nur an die zahlreichen »friedlichen Demonstrationen«. Zum ersten Mal reagiert die Masse mit der Intelligenz eines Individuums. Denken Sie an die großen Kundgebungen in Brüssel gegen die Pädophilen oder in Belgrad gegen Milosevic. Die Massen demonstrieren ohne Gewalt. Wenn Gewalt angewandt wird, geht sie von der Polizei aus, mit Staatsgewalt versucht man die Uhren zurückzudrehen und zu den alten Mustern zurückzukehren. Die Leute dort wollen nicht zerstören. Sie besitzen nichts und kennen den Wert der Dinge. Das Problembewußtsein und die Intelligenz der Menschen hat zugenommen.

ZWISCHEN PAPAGENO UND POP

Andererseits fehlt es heute ganz besonders an kritischem Denken. Geraten wir nicht dadurch immer mehr in eine stets anonymer werdende Massengesellschaft?

Ein Beispiel hierfür ist die Popmusik. Ich mag sie überhaupt nicht. Ich sehe in ihr einen Teil unseres heutigen Chaos. Im 18. Jahrhundert pfiff ein Botenjunge, wenn er Briefe austrug, den letzten Schlager, vielleicht das Lied des Papageno. Damals gab es wohl kaum Unterschiede zwischen Popmusik und ernster Musik. Manches in der Volksmusik von Dorfmusikanten fußt aber doch auf der gleichen Grundlage wie die Musik von Haydn oder Mozart.

Heute dagegen ist die Musikwelt gespalten. Es gibt sogenannte ernste Musik, oft zu anspruchsvoll für ein breites Publikum, und Popmusik, eine Musikart, die ich für ein zufälliges und vorübergehendes Phänomen halte. Dabei werden auch immer dieselben nichtssagenden Strophen wiederholt.

Und alle Fans einer bestimmten Gruppe ziehen sich gleich an – ein Zeichen zunehmender Vermassung?

Ja, auch die Kleidung ist ein Symptom, wenn man sich zum Beispiel die britischen Punks und Hooligans ansieht, die nach Schweden zum Fußballcup fahren. Das Ausland interessiert sie überhaupt nicht. Früher reisten Menschen aus dieser sozialen Schicht nur, wenn die Armee auszog. Sie wurden in Uniformen gesteckt, von Offizieren kommandiert und auf den europäischen Kontinent losgelassen, um so viele Menschen wie möglich zu töten. Als Belohnung durften sie noch plündern. Heute fehlt die Armee mit ihren Offizieren. Daher entwerfen die Punks ihre eigene Uniform, tragen Nasen- und Ohrringe, sind alle konformistisch. Wieder in einer Art Uniform ziehen sie jetzt nach Schweden aus. Ein Bierzelt, das ist alles, was sie von Schweden mitbekommen. Wenn sie betrunken genug sind, dann suchen sie Schweden oder Deutsche, die sie zusammenschlagen können.

Diese Menschen haben ihren Lebenssinn nicht gefunden. Sie haben Angst allein zu sein, und das Stampfen von tausend Stiefeln inspiriert sie. So wird der Trend zum Kollektiv verstärkt, und die Angst vor der Einsamkeit nimmt zu.

DAS WELTGEWISSEN

Gibt es ein Weltgewissen im Sinne Tolstois, der sagte: Jeder trägt für alles Verantwortung …

Diese Bewegung setzte mit der Gründung des Roten Kreuzes durch Henri Dunant ein. Er war in seinem weißen Anzug auf dem Schlachtfeld von Solferino so betroffen, daß es ihm gelang, dem Weltgewissen einen neuen Impuls zu geben. Keine einzige Regierung hätte das Mandat gehabt, eine solche Bewegung ins Leben zu rufen. Die geschichtlichen Gegebenheiten und der Wille einzelner Menschen brachte das zuwege. Jetzt gibt es viele solche Organisationen: Amnesty International, Greenpeace, Medicins sans frontières. Alle diese Organisationen sind von einigen Menschen gegründet worden. Der spontane Wille einzelner, in dieser Weise Mißstände zu beseitigen, ist genauso demokratisch wie eine Wahl.

EIN MILITANTER LIBERALER

Bei Ihrem Interesse für die Politik haben Sie niemals daran gedacht, Politiker zu werden?

Ich könnte es nicht aushalten, immer recht behalten zu müssen. Schon immer war ich ein recht militanter Liberaler. Man muß mit einer gemäßigten Einstellung nicht passiv sein. Anders als die meisten war ich als junger Mann eher konservativ. Meine Vorstellungen sind mit dem Alter immer radikaler geworden. Es ist mir unverständlich, wie man sich vom linken Spektrum aus zu einem Konservativen wandeln kann. Höchstens aus materiellen Gründen, aber intellektuelle Gründe gibt es nicht. Meine politische Position ist die Mitte. Die Wahrheit liegt meist in der Mitte. Das hat nichts mit Mittelmäßigkeit zu tun.

DAS ÄLTERWERDEN

Vor kurzem haben Sie Ihren sechsundsiebzigsten Geburtstag gefeiert. Wie haben Sie diesen Tag verbracht?

Gemeinsam mit meiner Frau. Mein größtes Geburtstagsgeschenk war, daß ich nichts zu tun hatte. Mein fünfundsiebzigster Geburtstag verlief ganz anders. Damals mußte ich arbeiten und in meiner One-man-show im Berliner Konzerthaus am Gendarmenmarkt auftreten.

»ICH KENNE DICH AUS MEINEN TRÄUMEN«

Bei Geburtstagen denkt man unweigerlich darüber nach, wie die Jahre vergehen. Wie empfinden Sie das Älterwerden?

Ich denke eigentlich nie darüber nach. Als ich vor einigen Jahren einen neuen Paß bekam, fiel mir besonders das Ablaufdatum auf, der 11. April 2000, fünf Tage vor meinem neunundsiebzigsten Geburtstag. Für mich ist es Ehrensache, daß mein Leben nicht vor der Gültigkeit meines Passes endet. Mein Vater hatte den Entschluß gefaßt, seinen siebzigsten Geburtstag nicht mehr zu erleben. Es war eine Art römischer Selbstmord: Er entschloß sich zu sterben und starb vier Stunden, bevor er siebzig wurde.

An meinem siebzigsten Geburtstag atmete ich erleichtert auf, als dieser Tag vorüber war. Irgendwie hatte ich doch ein etwas mulmiges Gefühl gehabt. Die letzten Worte meines Vaters waren erstaunlich. Als er für kurze Zeit aus einem Koma erwachte, sagte er: »Tiens, je te reconnais de mes rêves« (Ich kenne dich aus meinen Träumen). Kurz darauf ist er gestorben. Bei meiner Mutter war das anders. Sie war schon in einer anderen Welt. Ich habe ihr ein kleines Radio ans Ohr gehalten und ihr laut ein Mozartkonzert vorgespielt. Sie hat gelächelt und »Mozart« gesagt. Das war ihr letztes Wort.

Mit dem Älterwerden beginnt sich allmählich der Lebenskreis zu schließen. Wie es im Marionettentheater *von Kleist heißt:* »Mithin, sagte ich ein wenig zerstreut, müßten wir wieder vom Baum der Erkenntnis essen, um in den Stand der Unschuld zurückzufallen? Allerdings, antwortete er; das ist das letzte Kapitel von der Geschichte der Welt.« *Gibt es Ähnlichkeiten zwischen dem Alter und der Kindheit?*

In der Kindheit sind die Menschen noch sie selbst und noch keine angepaßten Mitglieder der Gesellschaft. Viele bleiben später in Konventionen stecken und entfernen sich von ihrem eigentlichen Wesen. Oft findet man erst im Alter, nach langen Kämpfen und trotz aller Versuchungen, wieder zu sich selbst zurück. Daher ist es nicht verwunderlich, daß Greise oft mit Kindern Freundschaft schließen. Sie haben eines gemein: ihre Ursprünglichkeit. Die einen haben sie noch nicht verloren, die anderen haben wieder zu ihr zurückgefunden.

Danksagung

Besonders bedanken möchte ich mich bei Sir Peter Ustinov, daß er mir die amüsante und interessante Zeit für unsere Gespräche geschenkt hat. Mein herzlicher Dank gilt auch Patrick Graf Saurma und Mrs. Antoinette de Scheel für die Fotos sowie Frau Christa Roth, Mitarbeiterin der UNICEF, für ihre Mithilfe und Herrn Leon Davico, Alexandra Prinzessin von Hannover, Monika Gräfin Saurma, Philipp Prinz zu Sayn-Wittgenstein, Eleonore Gräfin von Schönborn wie auch Dr. Wolfgang Wackernagel.

Anhang

ROLLENVERZEICHNIS THEATER
(soweit bekannt mit dem jeweiligen Rollennamen)

1938
Barn Theatre, Shere

Anton Tschechow
The Wood Demon
Waffles

1939
Players Theatre Club, London

Peter Ustinov
The Bishop of Limpopoland

Peter Ustinov
Madame Liselotte Beethoven-Fink

*Aylesbury Repertory Theatre
Company*

Ida Vera Simonton
White Cargo

Ben Travis
Rookery Nook

J. B. Priestley
Laburnum Grove
(Goldregen)

George Bernard Shaw
Pygmalion

1940
Richmond

First Night
Reverend Alroy Whittingstall

Ambassadors

Norman Marshall
Swinging the Gate (Revue)

Threshold

Fishing for Shadows
M. Lescure

1940/41
Wyndhams

Herbert Farjeon/
Ustinovs eigenes Material
Diversion (Revue)

Herbert Farjeon/
Ustinovs eigenes Material
Diversion Nr. 2 (Revue)

1941
Vaudeville Theatre

Valentin Katajew
Squaring the Circle
(Die Quadratur des Kreises)
Regie

1942–46 Militärdienst

1946
New Theatre

Fjodor M. Dostojewski
Schuld und Sühne
Petrovitsch

St. Martins

Ingmar Bergman,
übersetzt und adaptiert von
Peter Ustinov
Frenzy
Caligula

1949
Lyric Hammersmith and St. James'

Eric Linklater
Love in Albania
Sergeant Dohda, Regie

1951/52
Peter Ustinov
The Love of Four Colonels
(Die Liebe der vier Obersten)
Carabosse

1956
Piccadilly Theatre

Peter Ustinov
Romanoff and Juliet
(Romanoff und Julia)
General

1957
*Playmouth Theatre, New York, und
USA-Tournee*

Peter Ustinov
Romanoff and Juliet

1962
Saville

Peter Ustinov
Photo Finish
(Endspurt)
Sam Old, Regie

1963
Brooks Atkinson, New York

Peter Ustinov
Photo Finish

1968
Chichester Festival

Peter Ustinov
The Unknown Soldier and His Wife
(Der unbekannte Soldat und seine
Frau)
Erzbischof, Regie

1973
*New London Theatre's Opening
Production*

Peter Ustinov
The Unknown Soldier and His Wife
Erzbischof, Regie

1974
New York

Peter Ustinov
Who's Who in Hell
Boris Vassilievitch

1979/80
Stratford, Ontario

William Shakespeare
King Lear
(König Lear)
Titelrolle

1983
*Vaudeville Theatre, London, und
Tournee*

Peter Ustinov
Beethoven's Tenth
(Beethovens Zehnte)
Titelrolle

1983/84
*USA-Tournee, Nederlander Theater,
New York*

Peter Ustinov
Beethoven's Tenth
Titelrolle

1987/88
Schiller-Theater, Berlin

Peter Ustinov
Beethovens Zehnte
Titelrolle

1990
21. März – 27. Mai
Theatre Royal Haymarket, London

Ein Abend mit Peter Ustinov

4. Juli – 27. September
Neuseeland und Australien

Ein Abend mit Peter Ustinov

1991
18.–23. März
Alhambra Theatre, Bradford

25.–30. März
Theatre Royal, Bath

19. April – 26. Mai
Curran Theatre, San Francisco

30. September – 8. Dezember
England- und Irland-Tournee

29. November
*Smetana-Theater, Prag, Wohltätig-
keitsaufführung*

30. November
*Nationaltheater Prag, Wohltätig-
keitsaufführung*

Ein Abend mit Peter Ustinov

1992
2.–8. Februar
Concert Hall, Melbourne

12.–19. Februar
State Theatre, Sydney

20.–23. Februar
Concert Hall, Brisbane

26. Februar – 1. März
Lyric Theatre, Hongkong

2.–3. März
Concorde Hotel, Kuala Lumpur

4.–6. März
Meridian Hotel, Singapur

12. Mai – 1. Juni
Shubert Theatre, Chikago

Deutschlandtournee im Oktober

Ein Abend mit Peter Ustinov

1993
12. Juni
Bergen

Ein Abend mit Peter Ustinov

FILMOGRAPHIE

(Rollen in Kinofilmen – soweit feststellbar; ohne Berücksichtigung von Peter Ustinovs »Parts« als Sprecher, Kommentator in Doks und Cartoons)

Die Filme sind nach ihrem Kinostart aufgelistet.
Erklärung der Abkürzungen: PU = Peter Ustinov, dt = deutsch, Ti = Titel, F = Frankreich, EP = Spanien, I = Italien, Ir = Irland, CH = Schweiz, GB = Großbritannien, A = Argentinien, Au = Australien
Alternativ- und ausländische (Original-)Titel sind in Klammern gesetzt

1940
Mein Kampf, My Crimes/Après »Mein Kampf«, mes crimes (GB)
Regie: Jean-Jacques Valjean (Pseudonym für: Alexandre Ryder und Norman Lee)

Hello Fame (GB, Kurzfilm)
Regie: Andrew Buchanan

1941
One of Our Aircraft is Missing (GB)
Regie: Michael Powell
PU, Godfrey Tearle, Eric Portman, Hugh Williams, Bernard Miles, Hugh Burden, Emrys Jones, Pamela Brown, Joyce Redman, Robert Helpmann

1942
The Goose Steps out (GB)
Regie: Basil Dearden, Will Hay

The New Lot (GB)
Regie: Carol Reed
PU spielt die Rolle des Keith Bracken, nicht im Vorspann aufgeführt.

1944
The Way Ahead (GB; Ti in USA: »Immortal Battalion«)
Regie: Carol Reed
PU, David Niven, Stanley Holloway, Raymond Huntley, William Hartnell,
James Donald, John Laurie, Leslie Dwyer, Leo Genn

1946
Private Angelo (GB)
Regie: Peter Ustinov
PU, Godfrey Tearle, Robin Bailey, Maria Denis, Marjorie Rhodes, James
Robertson Justice

1950
Odette (GB)
Regie: Herbert Wilcox
PU, Anna Neagle, Trevor Howard, Marius Goring

1950
Quo vadis? (USA)
Regie: Mervyn LeRoy
PU, Robert Taylor, Deborah Kerr, Leo Genn, Patricia Laffan, Finlay Currie,
Abraham Sofaer, Marina Berti, Buddy Baer, Felix Aylmer

1952
Hotel Sahara (GB)
Regie: Ken Annakin
PU, Yvonne De Carlo, David Tomlinson, Roland Culver, Albert Lieven, Bill
Owen, Ferdy Mayne, Mireille Perrey

The Magic Box (GB; dt ZDF-TV-Ti: »Der wunderbare Flimmerkasten«)
Regie: John Boulting

1953
Beau Brummel (GB; dt Ti: »Beau Brummel – Rebell und Verführer«)
Regie: Curtis Bernhardt
PU, Stewart Granger, Elizabeth Taylor, Robert Morley, James Donald, James
Hayter, Rosemary Harris

1954
The Egyptian (USA)
Regie: Michael Curtiz
PU, Edmund Purdom, Victor Mature, Gene Tierney, Michael Wilding, Jean
Simmons, John Carradine

1955
We're No Angels (USA; dt Ti: »Wir sind keine Engel«)
Regie: Michael Curtiz
PU, Humphrey Bogart, Aldo Ray, Joan Bennett, Basil Rathbone, Leo G. Car-
roll, Gloria Talbot, John Baer, Lea Penman, John Smith

Lola Montès / Lola Montez (F/BRD)
Regie: Max Ophüls
PU, Martine Carol, Anton Walbrook (= Adolf Wohlbrück), Henri Guisol,
Ivan Desny, Lise Delamare, Paulette Dubost, Oscar Werner, Will Quadflieg,
Jean Galland

1956
I Girovaghi (I; dt Ti: »Der Narr und die Tänzerin«)
Regie: Ugo Fregonese
PU, Abbe Lane, Carla del Poggio, Gaetano Autiero, Giuseppe Porelli

1957
Les Espions/Les espions (F/I; dt. Ti: »Spione am Werk«)
Regie: Henri-Georges Clouzot
PU, Curd Jürgens, O. E. Hasse, Vera Clouzot, Martita Hunt

Un angel volo sobre Brooklyn (EP/I; dt Ti: »Der Hund, der Herr Bozzi hieß«)
Regie: Ladislao Vajda
PU, Pablito Calvo, Aroldo Tieri, Silvio Marco, Maurizio Arena

1960
The Sundowners (USA/GB/Au; dt Ti: »Der endlose Horizont«)
Regie: Fred Zinnemann
PU, Robert Mitchum, Deborah Kerr, Glynis Johns, Dina Merrill, Michael
Anderson Jr., Molly Urquhart

Spartacus (USA)
Regie: Stanley Kubrick
PU, Kirk Douglas, Laurence Olivier, Jean Simmons, Charles Laughton, Tony Curtis, John Gavin, Nina Foch, Herbert Lom

1961

Dig That Juliet (USA; Ti in GB: »Romanoff and Juliet«; dt Ti: »Romanoff und Julia«)
Regie: Peter Ustinov
PU, Sandra Dee, John Gavin, Akim Tamiroff, Tamara Shayne, John Phillips, Alix Talton, Peter Jones

1962

Billy Budd (GB; dt Ti: »Die Verdammten der Meere«)
Regie: Peter Ustinov
PU, Robert Ryan, Terence Stamp, Melvyn Douglas, Paul Rogers, John Neville, Ronald Lewis, David McCallum, Lee Montague, John Meillon

1963

Topkapi (USA)
Regie: Jules Dassin
PU, Melina Mercouri, Maximilian Schell, Akim Tamiroff, Robert Morley, Gilles Segal, Jess Hahn

1964

John Goldfarb, Please Come Home (USA; dt Ti: »Eine zuviel im Harem«)
Regie: J. Lee Thompson
PU, Shirley MacLaine, Richard Crenna, Jim Backus, Scott Brady, Fred Clark, Wilfrid Hyde White

1967

Blackbeard's Ghost (USA; dt Ti: »Käpt'n Blackbeard's Spuk-Kaschemme«)
Regie: Robert Stevenson
PU, Dean Jones, Suzanne Pleshette, Elsa Lanchester, Richard Deacon

The Comedians (USA/Bermuda/F; dt Ti: »Die Stunde der Komödianten«)
Regie: Peter Glenville
PU, Richard Burton, Elizabeth Taylor, Alec Guinness, Lilian Gish, Paul Ford, Roscoe Lee Browne, James Earl Jones, Raymond St. Jacques, Cicely Tyson

1968
Hot Millions (USA; dt Ti: »Das Millionending«)
Regie: Eric Till
PU, Maggie Smith, Bob Newhart, Karl Malden, Robert Morley, Cesar Romero

1969
Viva Max (USA)
Regie: Jerry Paris
PU, John Astin, Pamela Tiffin, Jonathan Winters, Keenan Wynn, Henry Morgan, Alice Ghostley

1971
Hammersmith Is Out (USA)
Regie: Peter Ustinov
PU, Richard Burton, Elizabeth Taylor, Beau Bridges, Leon Ames, John Schuck, George Raft

Big Truck and Poor Clare (USA)
Regie: Robet Ellis Miller
PU, Francesca Annis, Perry King

1974
One of Our Dinosaurs Is Missing (USA; dt Ti: »Wer hat unseren Dinosaurier geklaut?«)
Regie: Robert Stevenson
PU, Helen Hayes, Clive Revill, Derek Nimmo, Joan Sims, Bernard Bresslaw, Roy Kinnear, Richard Pearson, Deryck Guyler

1975
Logan's Run (USA; dt Ti: »Flucht ins 23. Jahrhundert«)
Regie: Michael Anderson
PU, Michael York, Jenny Agutter, Richard Jordan, Roscoe Lee Browne, Farrah Fawcett-Majors, Michael Anderson Jr.

Treasure of Matecumbe (USA; dt TV-Ti: »Der Goldschatz von Matecumbe«)
Regie: Vincent McEveety
PU, Robert Foxworth, Joan Hackett, Vic Morrow, Jane Wyatt, Johnny Duran, Billy Attmore

1976
The Last Remake of Beau Geste (USA; dt Ti: »Drei Fremdenlegionäre«)
Regie: Marty Feldman
PU, Marty Feldman, Ann Margret, Trevor Howard, Michael York, James Earl
Jones, Henry Gibson, Terry-Thomas, Spike Milligan, Hugh Griffith

1977
Un taxi mauve (F/I/Ir; dt Ti: »Irisches Intermezzo«, dt TV-Ti: »Das mal-
venfarbige Taxi«)
Regie: Yves Boisset
PU, Charlotte Rampling, Philippe Noiret, Fred Astaire, Agostina Belli

1978
Death on the Nile (GB; dt Ti: »Tod auf dem Nil«)
Regie: John Guillermin
PU, Bette Davis, Mia Farrow, Angela Lansbury, Jane Birkin, David Niven,
George Kennedy, Jack Warden, Lois Chiles, Maggie Smith

The Thief of Baghdad (GB; dt Ti: »Der Dieb von Bagdad«)
Regie: Clive Donner
PU, Roddy McDowall, Kabir Bedi, Marina Vlady, Terence Stamp

Doppio delitto / Enquête a l'italienne (I/F; dt Ti: »Vom Blitz getroffen«)
Regie: Steno
PU, Marcello Mastroianni, Ursula Andress, Jean-Claude Brialy

1979
Ashanti (CH)
Regie: Richard Fleischer
PU, Michael Caine, Omar Sharif, Telly Savalas, Rex Harrison, Beverly
Todd

Players (USA; dt Ti: »Spiel mit der Liebe«)
Regie: Anthony Harvey
PU, Ali MacGraw, Dean-Paul Martin, Maximilian Schell, Steve Guttenberg

Nous maigrirons ensemble (F)
Regie: Michel Vocoret

1980

Charlie Chan and the Curse of the Dragon Queen (USA; dt Ti: »Charlie Chan und der Fluch der Drachenkönigin«)
Regie: Clive Donner
PU, Lee Grant, Angie Dickinson, Roddy McDowall, Rachel Roberts, Michelle Pfeiffer, Richard Hatch, Brian Keith, Johnny Sekka

1981

Evil Under the Sun (GB; dt Ti: »Das Böse unter der Sonne«)
Regie: Guy Hamilton
PU, Jane Birkin, Colin Blakely, Nicholas Clay, James Mason, Diana Rigg, Maggie Smith, Roddy McDowall, Sylvia Miles, Dennis Quilley

1984

Memed, My Hawk (GB)
Regie: Peter Ustinov
PU, Herbert Lom, Dennis Quilley, Michael Elphick, Simon Dutton

1988

Appointment with Death (USA; dt Ti: »Rendezvous mit einer Leiche«)
Regie: Michael Winner
PU, Lauren Bacall, Carrie Fisher, John Gielgud, Piper Laurie, Hayley Mills, Jenny Seagrove, David Soul, John Terlesky, Valerie Richards

Tango Bar (A)
Regie: Marcos Zurinaga
PU als Gaststar

1989

La Révolution Française – Les Années Lumière (F)
Regie: Robert Enrico
PU, Jane Seymour, Klaus Maria Brandauer

1990

C'era un castello con quaranta cani / Au bonheur des chiens (I/F; dt Ti: »Spatzi, Fratzi & Co.«)
Regie: Duccio Tessari

1992
Lorenzo's Oil (USA; dt Ti: »Lorenzos Öl«)
Regie: George Miller
PU, Nick Nolte, Susan Sarandon

Filmregisseur und (Co-)Produzent

R = Regisseur, P = Produzent, CP = Coproduzent)

1946 **School for Secrets** (R und CP)
1947 **Vice versa** (R und CP)
1949 **Private Angelo** (R und P mit Fa. Pilgrim)
1961 **Dig that Juliet / Romanoff and Juliet** (R und P)
       (Romanoff und Julia)
1962 **Billy Budd** (R und CP)
       (Die Verdammten der Meere)
1964 **The Lady L** (R und CP)
       (Lady L)
1971 **Hammersmith Is Out** (R)
1976 **Love, Life & Lunch** (R)
       (Vier Einakter mit Zero Mostel, Alan King und PU, vermutlich fürs TV
       produziert)
1983 **Memed, My Hawk** (R und CP)

Fernsehen und Rundfunk

In All Directions Eigene Show, produziert von Peter James PU, Peter James	BBC Fernsehen
Occasional Political Commentaries Viele Gaststars	BBC Fernsehen
Häufiger Gaststar bei Jack Parr, Perry Como und Steve Allen	Amerikanisches Fernsehen
Omnibus Emmy Award als bester Darsteller als Dr. Johnson in »The Life of Samuel Johnson«	Amerikanisches Fernsehen
Storm in Summer Emmy Award	Amerikanisches Fernsehen
Barefoot in Athens Emmy Award	Amerikanisches Fernsehen
The Mighty Continent Erzählung	BBC Fernsehen
Gideon Regie: George Shaeffer	Hallmark of Fame
The Hermitage Productions Narration mit Natalie Wood für NBC TV	LBA
März 1979 **Einstein's Universe**	PBS & BBC

The Ballerinas   Polivideo

1984
The Well Tempered Beach   PBS
1985 für den Emmy Award nominiert

1985
13 at Dinner
Agatha Christie's »Thirteen at Dinner«   Amerik.
(»Mord à la carte / Agatha Christie: A la carte«)   Fernsehen

Dead Man's Folly   BBC Fernsehen
(»Mord mit verteilten Rollen / Agatha Christie:
Mord mit verteilten Rollen«)

Peter Ustinov's Russia   CBS Fernsehen
nach dem Buch von Peter Ustinov »My Russia«

World Challenge   CBS Fernsehen
von Jean-Jacques Servan-Schreiber

1987
Murder in Three Acts   Amerik.
(»Tödliche Parties/Agatha Christie: Tödliche Parties«) Fernsehen

1988/89
Around the World in Eighty Days   NBC Fernsehen
(In achtzig Tagen um die Welt)
nach Jules Verne

1989
Secret Identity of Jack the Ripper   Live Special

1990
The Mozart Mystique

1991/92
Ustinov on the Orient Express   McGreevy
                                                        Productions mit
                                                        Prime Time
                                                        Fernsehen

Opernregisseur

1962
*Covent Garden Opera,
London*

Maurice Ravel
L'Heure Espagnole

Giacomo Puccini
Gianni Schicchi

Arnold Schönberg
Erwartung

1968
Hamburgische Staatsoper

Wolfgang Amadeus Mozart
Die Zauberflöte

1973
Edinburgh Festival

Wolfgang Amadeus Mozart
Don Giovanni
(auch Ausstattung und Kostüme)

Opéra, Paris

Jules Massenet
Don Quichotte
(auch Produktion, Ausstattung und
Kostüme)

1978
Deutsche Oper, Berlin

Jacques Offenbach
Die Banditen

1979
*Piccola Scala, Mailand,
und Edinburgh Festival*

Modest Mussorgski
The Marriage
(auch Libretto)

1982
Piccola Scala, Mailand

Igor Strawinsky
**Mavra
The Flood**

1985
Hamburgische Staatsoper

Leos Janáček
Katja Kabanowa

1987
Sommerakademie der Hochschule
Mozarteum, Salzburg,
und Hamburgische Staatsoper

Wolfgang Amadeus Mozart
Le nozze di Figaro

1993
Semperoper, Dresden

Peter I. Tschaikowski
Jolanthe

Sergej Rachmaninow
Francesca da Rimini

DRAMENAUTOR

1942
House of Regrets
Schauspiel

1943
Beyond
Schauspiel

Blow Your Own Trumpet
(Hafen der Illusion)
Schauspiel

1944
The Banbury Nose
Schauspiel

1945
The Tragedy of Good Intentions
Drama

1948
The Indifferent Shepherd
Komödie

Frenzy
(nach Ingmar Bergman)

1949
The Man in the Raincoat
Drama

1951
The Love of Four Colonels
(Die Liebe der vier Obersten)
Schauspiel

The Moment of Truth
(Augenblicke der Wahrheit)
Drama

1953
No Sign of the Dove
Drama

1956
Romanoff and Juliet
(Romanoff und Julia)

The Empty Chair
(Der leere Stuhl)
Drama

1962
Photo Finish
(Endspurt)
Komödie

1964
The Life in My Hands
(Das Leben in meiner Hand)

1967
Half Way up the Tree
(Halb auf dem Baum)

The Unknown Soldier and
His Wife
(Der unbekannte Soldat und seine
Frau)

1974
Who's Who in Hell

1981
Overheard
(Abgehört)

1983
Beethoven's Tenth
(Beethovens Zehnte)

BUCHAUTOR

1960
Add a Dash of Pity

We are only human

1961
The Loser
(Der Verlierer)

1966
Frontiers of the Sea

1971
Krumnagel
(Krumnagel)

1977
Dear Me
(Ach, du meine Güte)

1983
My Russia
(Mein Rußland)

1989
The Disinformer
(Der Intrigant)

1990
The Old Man and Mr Smith
(Der Alte Mann und Mr. Smith)

Ich und Ich
Erinnerungen

Ustinov at Large

1992
Ustinovs Rußland

1993
God and the State Railways
(Gott und die Staatlichen Eisen-
bahnen)
Neuausgabe von »Frontiers of the
Sea«

Still at Large

*Zur Zeit lieferbare deutsche
Ausgaben:*

Der Alte Mann und Mr. Smith
HC 17. Aufl. 1996
HC 1995
TB 12. Auflage 1966

Baumeister des Friedens
Gespräche mit Jitzhak Rabin,
Schimon Peres, Jassir Arafat und
Hanan Aschrawi
TB 1995

Geburtstagsedition
Der Alte Mann und Mr. Smith/
Gott und die Staatlichen Eisenbah-
nen/Der Mann, der es leicht
nahm/Krumnagel
    4 Bde. in Kassette

Gott und die Staatlichen
Eisenbahnen
    HC 4. Aufl. 1996
    TB 4. Aufl. 1995

Der Mann, der es leicht nahm
    HC 3. Aufl. 1996
    TB 1995

Mit besten Grüßen
    1995

Neues über Gott und die Welt
    2 TB-Bde. 1995

Sir Peters geflügelte Worte
    2. Aufl. 1996

Über das Leben und andere
Kleinigkeiten
    2. Aufl. 1996

Halb auf dem Baum und andere
Komödien
    1996

Ich und Ich. Erinnerungen
    HC 1996
    Pp 1993
    TB 1991

Der Intrigant
    1994

Kleiner Führer der modernen
Musik
    5. Aufl. 1993

Krumnagel
    4. Aufl. 1996

Der Mann, der es leicht nahm
    3. Aufl. 1996

Der Verlierer
    1996

Was ich von der Liebe weiß
    Pp 1994
    TB 1996

Der Chef braucht keine Maske
    1992

Neues über Gott und die Welt
    1995

Über Gott und die Welt
    3. Aufl. 1995

Ustinovs Rußland
    1992

Filmautor

1942
The New Lot
(Co-Autor)

1942/43
The Way Ahead
(mit Eric Ambler)

1945
The True Glory
(Fünf Co-Autoren, darunter PU)
Regie: Carol Reed, Garson Kanin

1946
School for Secrets

1946
Carnival (dt Ti: »Ein Herz geht
verloren«)
(Co-Autor: Eric Maschwitz)
Regie: Stanley Haynes

1947
Vice versa

1949
Private Angelo

1961
Dig That Juliet/Romanoff and Juliet
(Romanoff und Julia)

1962/63
Billy Budd
(Die Verdammten der Meere –
in Zusammenarbeit mit De Witt
Bodeen)

1964
The Lady L
(Lady L – nach dem Roman von
Romain Gary)

1968
Hot Millions
(Das Millionending – in Zusam-
menarbeit mit Ira Wallach)

1983
Memed My Hawk
(nach dem Roman von Yashar
Kemal)

Preise und Auszeichnungen

(Auswahl)

Benjamin Franklin Medal, 1957
Ehrendoktor der Musik, Cleveland, 1967
Ehrendoktor der Rechte, Dundee, 1969
Ehrendoktor der Rechte, Philadelphia, 1971
Ehrendoktor der Literaturwissenschaft, Lancaster, 1972
Rektor der Universität Dundee, 1971–1973
Ehrendoktor der Schönen Künste, Letherbridge / Kanada
Commander of the Order of the British Empire (CBE), 1975
UNICEF Award für herausragende Leistungen, 1978
Prix de la Butte für die beste Autobiographie, Paris, 1978
Variety Club of Great Britain, Award for Best Actor, 1979
Ehrendoktor der Universität Toronto, 1984
Commandeur des Arts et des Lettres, Paris, 1985
Orden von Istiglal, Königreich von Jordanien
Orden der jugoslawischen Flagge
Foreign Associate der Académie des Beaux-Arts, Paris, 1988
Ehrendoktor der Humanistik, Washington DC, 1988
Goldene Medaille der Stadt Athen, 1990
Medaille für herausragende Leistungen, Griechisches Rotes Kreuz, 1990
Ehrendoktor der Rechte, Ottawa, 1991
Ehrenmedaille der Universität Prag, 1992
Ehrendoktor der Literaturwissenschaft, Durham, 1992
Kanzler der Universität Durham, 1992
Präsident der World Federalist Movement, 1992
Britannia Award der British Academy of Film and Television Arts,
Los Angeles Branch, 1992
Award des Critics' Circle, London, 1993
Nationalorden des Cruzerio do Sul, Brasilien, 1994
Deutscher Kulturpreis 1994
Bambi, 1994
Auszeichnung des International Child Survival der UNICEF, 1995
Ehrendoktor der Universität Toronto, 1995
Doktor honoris causa, Brüssel, 1995
Deutscher Video Preis, 1997

Peter Ustinov
Monsieur René
Roman
Aus dem Englischen von Hans M. Herzog
Band 14363

Monsieur René oder die Verschwörung der Oberkellner: Ein
komischer und tiefsinniger Roman über eine späte Revolte, die
Liebe und über einen liebenswerten Hotelportier. Als ehemaliger Chef-Concierge großer Luxushotels ist der verwitwete Pen-
sionär Monsieur René besessen von der Idee, das geheime Wissen der Kellner, Chauffeure und Zimmermädchen aufzuzeich-
nen. Doch dabei verstrickt sich der Meister der Diskretion in eine
Konspiration internationalen Ausmaßes...

»Einzigartiger Meister kleinster Gesten, die die große Welt erklären,
Virtuose des beiläufigen, gerade deswegen treffenden Witzes, begna-
deter Stegreiferzähler und unerschöpflicher Alleinunterhalter.«
Süddeutsche Zeitung

Fischer Taschenbuch Verlag

fi 446 / 7

Gerhard Tötschinger
Christiane Hörbiger
Eine Biographie aus der Nähe

Langen Müller

320 Seiten, ISBN 3-7844-2684-0

Auch als Audiobook!
ISBN: 3-7844-5004-0

Gerhard Tötschinger

Christiane Hörbiger

**Eine Liebeserklärung in Form einer
Biographie – ein sehr persönliches
Buch voller Charme und Humor**

*Verstand, Herz und meisterhafte Schauspielkunst:
Christiane Hörbiger, der Film- und Bühnenstar unserer
Zeit, in Beruf, Familienleben, als Tochter, Partnerin und
Mutter – aus der Sicht eines Menschen, der es wissen muss.
Nach der in mehreren Auflagen erfolgreichen Erstausgabe
nun die um die Geschehnisse der letzten fünf Jahre in Text
und Bild erweiterte Nachauflage.*

Langen Müller